保育ソーシャルワーカーのおしごとガイドブック

日本保育ソーシャルワーク学会 編

風鳴舎

目 次

はしがき
〜保育ソーシャルワーカーをめざすあなたに〜 ················ 6

1 保育ソーシャルワーカーの必要性　8

- **Q1** 現代の子どもと子育てを取り巻く環境はどうなっていますか？ ················ 8
- **Q2** 保育ソーシャルワーカーが求められる背景・要因とは何ですか？ ················ 12

2 保育ソーシャルワーカーの定義　16

- **Q3** 保育ソーシャルワーカーの定義とは何ですか？ ···· 16
- **Q4** 保育ソーシャルワーカーと保育者（保育士、幼稚園教諭等）の資格との関係はどのようなものですか？ ···· 20
- **Q5** 保育ソーシャルワーカーとソーシャルワーカーの資格との関係はどのようなものですか？ ················ 22

3 保育ソーシャルワーカーの役割と活動領域　25

- **Q6** 保育ソーシャルワーカーの役割は何ですか？ ···· 25
- **Q7** 保育施設（保育所、幼稚園、認定こども園等）における保育ソーシャルワーカーの役割はどのようなものですか？ ················ 29

Q8 子育て支援施設（子育て支援センター、子育てひろば等）における保育ソーシャルワーカーの役割はどのようなものですか? ⸺⸺ 33

Q9 保育所以外の児童福祉施設（乳児院、児童養護施設等）における保育ソーシャルワーカーの役割はどのようなものですか? ⸺⸺ 36

4 保育ソーシャルワーカーの機能 40

Q10 保育ソーシャルワークとは何ですか? ⸺⸺ 40

Q11 保育ソーシャルワーカーが担う「相談援助」機能とは具体的にどのようなものですか? ⸺⸺ 43

Q12 保育ソーシャルワーカーが担う「連携」機能とは具体的にどのようなものですか? ⸺⸺ 47

Q13 保育ソーシャルワーカーが担う「仲介」機能とは具体的にどのようなものですか? ⸺⸺ 50

Q14 保育ソーシャルワーカーが担う「調停」機能とは具体的にどのようなものですか? ⸺⸺ 54

Q15 保育ソーシャルワーカーが担う「ケースマネージャー」機能とは具体的にどのようなものですか? ⸺⸺ 57

Q16 保育ソーシャルワーカーが担う「教育」機能とは具体的にどのようなものですか? ⸺⸺ 60

Q17 保育ソーシャルワーカーが担う「組織」機能とは具体的にどのようなものですか? ⸺⸺ 64

Q18 保育ソーシャルワーカーが担う「代弁・弁護」
機能とは具体的にどのようなものですか？ ------- 68

5 保育ソーシャルワーカーに 求められる知識・技術・倫理
71

Q19 保育ソーシャルワーカーに求められる知識とは
いかなるものですか？ ------- 71

Q20 保育ソーシャルワーカーに求められる技術とは
いかなるものですか？ ------- 75

Q21 保育ソーシャルワーカーに求められる倫理とは
いかなるものですか？ ------- 80

6 保育ソーシャルワーカーの資格認定 —内容と要件—
84

Q22 日本保育ソーシャルワーク学会とは
どのような団体ですか？ ------- 84

Q23 保育ソーシャルワーカー認定資格とは
どのような性格のものですか？ ------- 88

Q24 初級保育ソーシャルワーカーには
どうすればなれますか？ ------- 92

Q25 中級保育ソーシャルワーカーには
どうすればなれますか？ ------- 96

Q26 上級保育ソーシャルワーカーには
どうすればなれますか？ ------- 100

7 保育ソーシャルワーカーをめぐる今後の課題 104

- Q27 保育ソーシャルワークの理論と実践をめぐる課題は何ですか? ── 104
- Q28 保育ソーシャルワーカーの養成と研修をめぐる課題は何ですか? ── 108
- Q29 保育者(保育士・幼稚園教諭等)は、今後、ソーシャルワークにどう向き合っていくべきですか? ── 111
- Q30 ソーシャルワーカーは、今後、保育にどう向き合っていくべきですか? ── 114

《資料》保育ソーシャルワーカーとして踏まえるべき法令等(抄) ── 118
索引 ── 135
参考文献一覧 ── 137
執筆者・担当者紹介 ── 139

～ 保育ソーシャルワーカーを めざすあなたに ～

はしがき

　近年、子どもと子育て家庭を取り巻く環境の変化のなかで、憲法上の人権である子どもの「幸福に生きる権利」（第13条）の実現が子どもの保護者・家族のそれと基底的に結びついており、両者をトータルにとらえていくことや、保育の原理や固有性を踏まえた新たなソーシャルワークの理論・実践、ないしソーシャルワークの目的と機能を取り込んだ新たな保育の理論・実践として、保育ソーシャルワークを構築していくことの大切さが説かれています。また、その基盤を形成するために、保育学界及びソーシャルワーク学界における保育ソーシャルワークに関する積極的な研究・実践への取り組みや交流が推し進められています。そして、こうした動きのなかで、特に2010年代以降、保育ソーシャルワークの中心的な担い手である保育ソーシャルワーカーの養成・配置（巡回指導を含む）の必要性・重要性が唱えられてきています。

　本書は、日本保育ソーシャルワーク学会認定資格「保育ソーシャルワーカー」養成研修のテキストとして作成されたものです。保育ソーシャルワーカーとは何か、いかなる仕事をするのか、どうすればなれるのか、どこで働くのか、どのようなことを学べばよいのか、踏まえるべき法令・資料とは何かについてわかりやすく解説されています。具体的には、保育ソーシャルワーカーの定義をはじめ、役割、活動領域、研修内容、修得すべき知識・技術・倫理などについて、それぞれのポイントが、Ｑ＆Ａ方式で簡潔に示されています。

本書は、保育ソーシャルワークを学術的に考究する日本保育ソーシャルワーク学会の企画、責任編集によるものですが、これまでに類書はまったく発行されておらず、日本初の「保育ソーシャルワーカー入門書」といえる内容となっています。保育ソーシャルワーカーをめざそうとするあなたに、最初に読んでいただきたいと思います。

　そのうえで、本書は、大学・短期大学・専門学校等において保育ソーシャルワークを学んでいる学生諸君や現任保育者、ソーシャルワーカー、研究者、子育て支援担当者、さらには子ども・子育て問題に関心のある一般市民をも対象としたものとなっています。ぜひ、多くの方々が本書を手にとって下さり、保育とソーシャルワークの学際的領域である保育ソーシャルワークに関心を持っていただけることを祈念してやみません。

　最後になりましたが、厳しい出版事情のなかで、本書の持つオリジナルな価値に注目して下さり、出版を強力に勧めて下さった株式会社風鳴舎・代表取締役の青田恵氏に、心から感謝を申し上げたいと思います。

2017年8月31日

日本保育ソーシャルワーク学会・学会資格認定委員会を代表して

委員長　伊藤　良高

1 保育ソーシャルワーカーの必要性

Q1 現代の子どもと子育てを取り巻く環境はどうなっていますか？

現代の子どもと子育てを取り巻く状況

　近年、保育・幼児教育の現場においては、障がいのある子どもや発達上の課題が見られる子どもなど、特別な配慮と支援を必要とする子どもが増えてきています。その要因として考えられるのは、発達障がい、アレルギー、虐待、不適切な養育を受けているなど、きわめて多岐にわたっています。子どもたちのなかには、特定の大人との情緒的な絆が形成されていない、自己肯定感が育まれていないなど、心身に何らかの問題を抱えている者も少なくありません（参照：伊藤美佳子「親と子の愛着―乳幼児期を中心に―」伊藤良高・下坂剛編『人間の形成と心理のフロンティア』晃洋書房、2016年、12頁）。なかでも深刻であるのが、子どもたちの育ちそびれの1つとしての他者との関係づくりの難しさです。それは、暴力や暴言という形で現れることもあれば、集団的活動に参加しようとしない、協力して活動できないという問題として認識される場合もあります。（参照：長瀬美子「新制度の「保

育」観を問う―子ども・子育ての実態から求められる保育の課題
―」全国保育団体連絡会・保育研究所編『保育白書2013年版』ち
いさいなかま社、2013年、135－136頁）。

　また、社会構造や地域コミュニティの変貌等を背景として、
「格差」「貧困」の広がりのなかで経済的困難や生活必需品の欠乏
のため、心に余裕を持てないまま子育てを行っている保護者、精
神疾患があり著しく養育能力に欠けている保護者、地域のなかで
誰にも頼ることができず、子育てに孤軍奮闘している保護者な
ど、日常生活や子育てに困難を抱えている保護者が増えてきてい
ます。また、女性の社会進出が一般的となり、生活と仕事と子育
ての調和に向けてさまざまな子育て支援策が展開されているもの
の、子育てとのバランスがうまく取れず、キャリア形成にハン
ディとなるのではないかと感じてしまう保護者も少なくありませ
ん。少子化の進行に伴い、地域社会の大人が地域の子どもの育ち
に関心を払おうとしない、また、社会全体が子どもと親子に対す
る寛容の精神を失いつつあるのではないかという指摘もなされて
います。

子どもの育ちと子育てをめぐる課題

　人が心身ともに健やかに育ち、幸福な人生を送るためには、生
涯にわたる生きる力の基礎が培われる乳幼児期に、家庭もしくは
それに代わる環境において、日常的な保護や世話を通じ、愛情を
こめて応答的にかかわる特定の大人（保護者ほか）との愛着関係

が育まれていくことが不可欠です。また、家庭における安定した親子関係を支えていくためには、地域における子どもの育ちと子育てを支えていくためのネットワークの構築が必要です。

ここにおいて、きわめて重要となるのは、「すべての子どもと子育て家庭を支援する」というスタンスに立ち、「子ども・子育て当事者の視点から、子どもの『幸福』と保護者の『幸福』を総合的・統一的にとらえていく必要がある」(伊藤良高「親と子の「幸福」と子ども家庭福祉」伊藤良高・永野典詞・三好明夫・下坂剛編『新版　子ども家庭福祉のフロンティア』晃洋書房、2015年、5頁)ということです。子どもと子育て家庭がいかなる状況に置かれていようとも、1人1人の子どもの「幸福に生きる権利」を十全に保障していくことが望まれます。そのためには、「妊娠・出産の安全、安心をはじめ、子どものあそび、学習、生活、健康を守るための公共的・社会的なセーフティネットをつくりあげていく」(伊藤良高・伊藤美佳子『子どもの幸せと親の幸せ—未来を紡ぐ保育・子育てのエッセンス—』晃洋書房、2012年、10頁)ことが大切です。

近年、保育所や幼稚園、認定こども園などの保育施設においては、保護者に対する支援(子育て支援)とのかかわりで、地域のさまざまな人や場、機関などとの連携を図りながら、地域に開かれた存在として地域の子育て力の向上に貢献していくことが求められています。こうした動きに見られるように、保護者が安心して子どもを生み、子育てができるような社会的サポートの充実が課題となっています(参照：伊藤美佳子前掲論文、17－18頁)。

参考文献

伊藤良高『〔新版〕子どもの環境と保育—少子社会の育児・子育て論—』北樹出版、2001年。

伊藤良高・伊藤美佳子『子どもの幸せと親の幸せ—未来を紡ぐ保育・子育てのエッセンス—』晃洋書房、2012年。

伊藤良高・中谷彪・北野幸子編『幼児教育のフロンティア』晃洋書房、2009年。

Q2 保育ソーシャルワーカーが求められる背景・要因とは何ですか？

子ども・子育て支援の充実と保育ソーシャルワーク

近年、保育・福祉の領域にあっては、子どもと家庭の幸福（ウェルビーイング）の実現を図るため、保護者に対する支援（子育て支援）、さらには、保育実践へのソーシャルワークの導入の必要性が指摘されてきています。また、それに伴い、保育とソーシャルワークの学際的領域である保育ソーシャルワークの理論と実践への関心が高まってきています（伊藤良高「保育ソーシャルワークの基礎理論」伊藤良高・永野典詞・中谷彪編『保育ソーシャルワークのフロンティア』晃洋書房、2011年、9頁）。核家族化や就労環境の変化、近隣との人間関係の希薄化など子どもと家庭を取り巻く環境の変化が背景・要因となり、その結果として、家庭や地域における子育て力が低下するとともに、保護者の育児負担感が増大するなどの傾向が見られます。それは、深刻な育児不安や不適切な養育、さらには、子どもにとって育ちにくい社会への変容とつながり、児童虐待の増加や乳幼児の遺棄など深刻な事件に結びついているという指摘もなされています（伊藤前掲論文、9－10頁）。

こうした状況にあって、保育所などの保育施設には、社会的に要請される役割や機能が増大してきています。すなわち、保育施

設は保護者に対する支援（子育て支援）を担う施設として位置づけられ、入所（園）している子どもの保育とともに、その保護者に対し、就労状況や子どもとの関係等を踏まえた支援、さらには、地域の子育て家庭への支援を担うことが求められています。保育所・保育士を中心とする保育施設・保育者がソーシャルワークの知識と技術を用いた支援を必要としている家庭の子育て支援に積極的に対応していくことの必要性が指摘されるなかで、今日、保育施設におけるソーシャルワーク機能の発揮（ネットワークの構築を含む）や保育者の専門性としてのソーシャルワーク能力の形成などが課題として提起されています（伊藤前掲論文、10頁）。

保育ソーシャルワークの中心的な担い手としての
保育ソーシャルワーカーの必要性

近年、保育現場において、障がいのある子どもやかかわりの難しい子どもが増えてきています（詳細については、Q1を参照）。そのため、さらに十分な配慮のもとに、家庭との連携を密にし、保護者との相互理解を図りながら、適切に対応していくことが求められています。そのさい、必要に応じて、保護者に対する保育に関する指導（なかでも個別支援）を行うなど、保育に関する専門的知識や技術に加えて、これまでに以上にソーシャルワークの視点や働きかけが必要になっています（伊藤美佳子「保育現場から見たソーシャルワーク─どの子どもにも嬉しい保育、どの保護

者にも嬉しい援助を―」伊藤他前掲書、32頁)。

　「子どもの育ちを保障するのは、家庭だけでも保育現場だけでもない。…、真によい保育を行おうとすれば、家庭と連携し社会へ開かれた目を持って活動せざるを得ない」(塩野谷斉「保育実践と保育ソーシャルワーク」日本保育ソーシャルワーク学会編『保育ソーシャルワークの世界―理論と実践―』晃洋書房、2014年、83頁)。この指摘にもある通り、保育現場にあってはこれまでも、直接的な子どもとのかかわりを超えた社会活動にも積極的に取り組んできました。ただし、こうした保育現場での取り組みをコミュニティワークあるいはソーシャルワークとして意識してきたかと問われると、必ずしもそうであるとはいえず、経験や勘に頼りながら、子どものために精一杯努力してきたというのが実情であるといえます。しかしながら、今後は、保育現場におけるソーシャルワークの重要性を踏まえ、園内外の研修などを通して、保育者が保育ソーシャルワークについて体系的に学び、意識的に保育ソーシャルワーク実践に取り組んでいくことが求められます。また、保育現場における保育ソーシャルワーク機能の充実に向けて、保育ソーシャルワークを中心的に担っていく人材 (保育ソーシャルワーカー) の養成・配置 (巡回指導を含む) も不可欠になっています。そのためには、保育者研修の充実をはじめ、4年制保育士養成カリキュラムの創設や保育系大学院教育の拡充などに取り組んでいくことが望まれます。

参考文献 📖

伊藤良高・永野典詞・中谷彪編『保育ソーシャルワークのフロンティア』晃洋書房、2011年。

伊藤良高・永野典詞・三好明夫・下坂剛編『新版　子ども家庭福祉のフロンティア』晃洋書房、2015年。

日本保育ソーシャルワーク学会編『保育ソーシャルワークの世界―理論と実践―』晃洋書房、2014年。

保育ソーシャルワーカーの定義

Q3 保育ソーシャルワーカーの定義とは何ですか？

保育ソーシャルワーカーをめぐる議論

近年、特に2010年代に入って以降、保育ソーシャルワークの中心的な担い手である保育ソーシャルワーカーのあり方についての議論が高まってきています。その「あり方」という場合、定義や役割、活動領域、内容、機能、資格、養成・研修など多岐多端な要素・側面を含んでいますが、まずは、定義そのものが問われる必要があります。なぜなら、保育ソーシャルワーカーとは何か、どのような存在であるかといったことが明確にされることによって、その役割や活動領域、内容などがおのずと決まってくるからです。

保育ソーシャルワーカーの定義については、これまでにいくつかの議論が提起されてきています。たとえば、「保育ソーシャルワークについての専門性を持つ高度な専門職」（伊藤良高「保育制度・経営論としての保育ソーシャルワーク」日本保育ソーシャルワーク学会編『保育ソーシャルワークの世界―理論と実践―』晃

洋書房、2014年、30頁）、「子ども・家庭・地域をホリスティックに支援することをマネジメントする専門職」（伊藤良高・宮﨑由紀子・香﨑智郁代他「保育ソーシャルワーカー養成の構想と課題」日本保育ソーシャルワーク学会編前掲書）、「保育に精通したうえで、対象者の生活問題にも対応できる人材」（永野典詞「保育ソーシャルワーカーの可能性」伊藤良高・永野典詞・中谷彪編『保育ソーシャルワークのフロンティア』晃洋書房、2011年、110頁）などが主なものとして挙げられます。

　これらにおいては、保育現場における保育ソーシャルワークが効果的に実践されていくためのシステムづくりに向けて、その一方策として、保育ソーシャルワークの中心的な担い手としての保育ソーシャルワーカーの養成・配置（巡回指導を含む）の必要性・重要性を提唱するものとなっています。しかしながら、議論は途についたばかりで、成熟した定義があるというわけではありません。

保育ソーシャルワーカーの定義とその解説

　以上のような状況にあって、保育ソーシャルワークについて理論的・実践的に考究する日本保育ソーシャルワーク学会では、保育ソーシャルワーカーの養成研修にあたり、次のように定義づけています。

> 保育ソーシャルワークに関する専門的知識及び技術をもって、特別な配慮を必要とする子どもと保護者に対する支援をつかさどる者

　ここでいう「保育ソーシャルワーク」とは、保育及びソーシャルワークの学際的・統合的な理論と実践の総称として位置づけられています。また、「特別な配慮を必要とする子どもと保護者」とは、障がいや生活上の課題が見られる子ども及び育児不安や虐待など養育や生活上の課題を抱えている保護者を指しています。

　また、定義中の「つかさどる」とは、保育所・幼稚園・認定こども園等保育施設及びその類似施設において、あるいは地域の子育て支援事業・活動において支援の中心的かつ専門的な役割を担うということを意味しています。その職務・活動内容は、子どもの育ちと保護者の育ちをトータルに支援するという観点から、子どもに対する保育ソーシャルワーク実践や保護者に対する保育指導、子どもの保育に対する相談・助言、情報提供、関係機関・関係者との連携、地域における社会資源の調整、整備、開発並びに保育士・幼稚園教諭・保育教諭等保育者に対するスーパービジョンや保育実践への支援などが主なものとなります。

　ただし、この定義においても、包括的な規定にとどまっており、今後、保育ソーシャルワークの理論・実践の広がりと深まりを踏まえ、より詳細な定義づけが望まれます。

参考文献 📖📖

伊藤良高『保育制度改革と保育施設経営―保育所経営の理論と実践に関する研究―』風間書房、2011年。

伊藤良高・伊藤美佳子『子どもの幸せと親の幸せ―未来を紡ぐ保育・子育てのエッセンス―』晃洋書房、2012年。

日本保育ソーシャルワーク学会編『保育ソーシャルワークの世界―理論と実践―』晃洋書房、2014年。

Q4 保育ソーシャルワーカーと保育者（保育士、幼稚園教諭等）の資格との関係はどのようなものですか？

法律と資格

　保育ソーシャルワーカーは、日本保育ソーシャルワーク学会が認定する資格で、「保育ソーシャルワークに関する専門的知識及び技術をもって、特別な配慮を必要とする子どもと保護者に対する支援をつかさどる者」と定義されます（Q3参照）。

　それに対して、保育士や幼稚園教諭は、法律によって定められる資格・免許です。図表4－1のように、保育士は、子どもの保育と子どもの保護者に対する支援を行う者、幼稚園教諭は子ども（幼児）の保育を担うものと定められています。これらは、養成校で必要な単位を修得して取得したり、国家試験を受験することで取得することができます。

図表4－1　保育者の資格・免許の概要

資格・免許名	概　要
保育士	保育士の名称を用いて、専門的知識及び技術をもって、児童の保育及び児童の保護者に対する保育に関する指導を行うことを業とする者（児童福祉法第18条の4）
幼稚園教諭	教諭は、幼児の保育をつかさどる（学校教育法第27条第9項）

保育ソーシャルワーカーの認定要件と保育者にかかわる資格

　初級保育ソーシャルワーカーを取得したい場合、いくつかの方

法がありますが、ここでは保育者にかかわる資格に関係するものを取り上げます。

　まず、保育士資格または幼稚園教諭免許を保持し、さらに社会福祉士または精神保健福祉士を保持していれば、資格申請のみで初級保育ソーシャルワーカーが認定されます。つまり、保育にかかわる資格とソーシャルワークにかかわる資格の両方を有していれば、保育ソーシャルワーカーとしての資質を備えていると見なされる、ということです。次に、保育士資格あるいは幼稚園教諭免許、または両方を保持している場合、認定研修を受講したうえで認定されます。初級保育ソーシャルワーカー認定研修では8科目が設定されていますが、これらの資格・免許を有している場合、「保育学概論」の受講が免除されます。これは、保育ソーシャルワーカーの資質のうち、「保育」に関する知識や技術を有していると考えるためです。

　このように、保育者にかかわる資格を有している場合、保育ソーシャルワーカーの業務である「特別な配慮を必要とする子どもに対する支援をつかさどる」ための基礎的な知識・技術があると学会では判断しています。以上のことから、保育者にかかわる資格は、保育ソーシャルワーカーの基礎的な資格といえます。

参考文献 📖

日本保育ソーシャルワーク学会編　『保育ソーシャルワークの世界―理論と実践―』晃洋書房、2014年。

Q5 保育ソーシャルワーカーとソーシャルワーカーの資格との関係はどのようなものですか?

保育ソーシャルワーカー

　日本保育ソーシャルワーク学会(以下、同学会)の定義によれば、「保育ソーシャルワークとは、子どもの最善の利益の尊重を前提に、子どもと家庭の幸福(ウェルビーイング)の実現に向けて、保育とソーシャルワークの学際的領域における新たな理論と実践としてとらえられています」とされており、Q3でも述べられているように保育ソーシャルワーカーは、「保育ソーシャルワークに関する専門的知識及び技術をもって、特別な配慮を必要とする子どもと保護者に対する支援をつかさどる者」と定義しています。

　同学会では、保育ソーシャルワーカーの認定資格を行っています。同学会の養成研修案内には「保育所、幼稚園、認定こども園、子育て支援施設(子育て支援センター、子育てひろば、等)、地域型保育事業にかかわる施設ならびに、保育所以外の児童福祉施設で、保護者支援や相談援助などの業務を行っている方たちに適した資格です」と記されています。

　子どもを取り巻く事業や環境保全、開発、また保護者や家族、地域支援などに関する相談援助を中心として活躍していく専門職をめざして同学会の認定資格として誕生しました。

ソーシャルワーカー

　ソーシャルワーカーの資格は、日本では国家資格として２つ定められています。社会福祉士と精神保健福祉士です。社会福祉士とは、「社会福祉士及び介護福祉士法」によれば「専門的知識及び技術をもつて、身体上若しくは精神上の障害があること又は環境上の理由により日常生活を営むのに支障がある者の福祉に関する相談に応じ、助言、指導、福祉サービスを提供する者又は医師その他の保健医療サービスを提供する者その他の関係者との連絡及び調整その他の援助を行うことを業とする者をいう（第２条第１項）」となっています。

　精神保健福祉士は、精神保健福祉士法によると「精神障害者の保健及び福祉に関する専門的知識及び技術をもって、精神科病院その他の医療施設において精神障害の医療を受け、又は精神障害者の社会復帰の促進を図ることを目的とする施設を利用している者の地域相談支援の利用に関する相談その他の社会復帰に関する相談に応じ、助言、指導、日常生活への適応のために必要な訓練その他の援助を行うことを業とする者をいう（第２条）」となっています。

　精神保健福祉士は精神保健領域に特化しているとはいえpsychiatric social worker（精神科ソーシャルワーカー）ともいわれる相談援助の専門職です。実際にも、同学会が認定する保育ソーシャルワーカー取得のための第１グループに分類される公的な基礎資格所持要件には、初級および中級保育ソーシャルワー

カーについて「保育士または幼稚園教諭＋社会福祉士または精神保健福祉士」と記されています。保護者や地域支援などにも活躍が期待されている保育ソーシャルワーカーの公的な基礎資格として精神保健福祉士の知識や技術も必要であるということがいえるでしょう。

保育ソーシャルワーカーとソーシャルワーカーの資格との関係

　保育ソーシャルワーカーは同学会が認定する資格です。保育士や幼稚園教諭などの子どもの支援者の養成においてはカリキュラム上、ソーシャルワークの学習が十分とはいえません。保育ソーシャルワーカーとして活躍していくためには、保育の専門知識や技術だけではなく、ソーシャルワークの専門知識や技術を身につけていく必要があります。保育ソーシャルワーカー養成研修では、保育領域の実践に活用していくために必要なソーシャルワークの専門的知識や技術を学んでいくことになります。

参考文献

日本社会福祉士会ホームページ
　　http://www.jacsw.or.jp/
日本精神保健福祉士協会ホームページ
　　http://www.japsw.or.jp/
日本保育ソーシャルワーク学会ホームページ
　　https://jarccre.jimdo.com/
日本保育ソーシャルワーク学会編『保育ソーシャルワークの世界―理論と実践―』晃洋書房、2014年。

3 保育ソーシャルワーカーの役割と活動領域

Q6 保育ソーシャルワーカーの役割は何ですか？

保育ソーシャルワーカーの役割とは

保育ソーシャルワーカーの役割について、大きくは2つの視点と新たな取り組みを発信する役割として以下に説明します。

1. 保護者への相談支援

保育所、幼稚園、認定こども園（以下「保育施設」と略）などや、乳児院、児童養護施設（以下「社会的養護関係施設」と略）などでは、保護者支援の必要性が指摘されています。保育所保育指針や幼稚園教育要領、幼保連携型認定こども園教育・保育要領などにおいても、保育施設や保育士、幼稚園教諭、保育教諭（以下「保育者」と略）などには子育て支援（保護者支援）の役割を担うことが求められています。また、児童福祉法第18条の4でも、保育士の業務は「専門的知識及び技術をもつて、児童の保育及び児童の保護者に対する保育に関する指導を行うこと」と示されています。

このように、保育者には保護者や子育て家庭に対する支援が求

められていることからも、保育ソーシャルワーカーの役割の1つであると考えることができます。すなわち、保育とソーシャルワークの知識と技術を用いた保護者や子育て家庭への支援が役割の1つであるといえます。たとえば、子育てに不安や悩みを感じている母親に対してケースワークの手法を用いた支援を行うこともあります。まず、相談面接で課題や問題を見いだし、支援計画を策定し、実践する。そして、途中で支援の経過を評価し、計画変更が必要な場合は再度、支援計画を見直し、実践する。課題や問題が解決することで終結となります。これは保育ソーシャルワーカーが行う根拠に基づく支援の一例です。

図表6−1　相談支援の流れ

2．特別な配慮が必要な子どもへの保育実践

　現在、保育施設や社会的養護関係施設には障がいのある子どもや障がい認定は受けていなくても支援が必要な子どもなど、特別な配慮が必要な子ども（以下「特別な配慮が必要な子ども」と略）が数多く通園しています。特別な支援が必要な子どもへの対応については、障がいに応じた発達支援が必要なことはいうまでもありません。それと同時に、ソーシャルワークの知識と技術を用いた支援が有効です。特別な支援が必要な子どもの保育の実践では、まず、保育施設、特別な支援が必要な子ども本人とその保護者、健常児とその保護者、地域社会、行政、療育施設などの関連

施設などさまざまな人や機関と協働して子どもの最善の利益を目指し、支援を行う必要があります。つまり、上述した人や機関の連絡・調整などのコーディネートや地域社会の障がいに対する偏見をなくすための取り組みなどが必要となるのです（参照：永野典詞「障がいのある子どもの支援としての保育ソーシャルワーク」日本保育ソーシャルワーク学会編『保育ソーシャルワークの世界―理論と実践―』晃洋書房、2014年、91頁）。その役割を担うのが保育ソーシャルワーカーなのです。

保育ソーシャルワーカーの可能性からみえてくる役割

　保育ソーシャルワーカーは保育施設、あるいは子どもや保護者支援、地域の子育て支援などと言った活躍の場は数多くあります。そのなかでみえてくる役割について以下に2点述べたいと思います。

　1点目は、家庭と地域社会、保育施設や社会的養護関係施設をつなぐ役割です。地域社会や家庭に保育の重要性を伝えること、かつ、地域社会や家庭の子育てに関する課題や問題の解決のためのソーシャルアクション（社会改善など）をおこすことも保育ソーシャルワーカーの役割であるといえます（参照：北野幸子「保育者と家庭・地域との連携に関する保育ソーシャルワーク」日本保育ソーシャルワーク学会編『保育ソーシャルワークの世界―理論と実践―』晃洋書房、2014年、57頁）。

　2点目は、保育施設や社会的養護関係施設におけるスーパービ

ジョン実践において、保育ソーシャルワーカーがスーパーバイザーの役割を担うことです。保育者の質の向上を目指した指導・助言やバーンアウトを防止するなど保育者の精神的、心理的な支えとなるような支援ができるようなスーパーバイザーが必要です（参照：若宮邦彦「保育スーパービジョンの実際」日本保育ソーシャルワーク学会編『保育ソーシャルワークの世界―理論と実践―』晃洋書房、2014年、105頁）。その役割を担うのが保育ソーシャルワーカーであると考えることができます。

　このように保育ソーシャルワーカーの可能性は大きいと言えます。

参考文献

日本保育ソーシャルワーク学会編『保育ソーシャルワークの世界―理論と実践―』晃洋書房、2014年。
伊藤良高、永野典詞、中谷彪編『保育ソーシャルワークのフロンティア』晃洋書房、2011年。

Q7	保育施設(保育所、幼稚園、認定こども園等)における保育ソーシャルワーカーの役割はどのようなものですか?

保育施設での子育て支援

　保育領域では子育て支援へのニーズや期待が高まっています。例えば児童福祉法では2001年の改正によって、保育士の業務として「保護者に対する保育に関する指導」が規定されました。また、保育所保育指針では2008年から保育所における地域の子育て家庭への内容が示されています。いっぽうでこれらの法制化以前から園庭開放や一時保育などの子育て支援事業を独自に行う保育所などがありました。その後に子育て支援が法律により制度化された背景には、核家族化の進行や共働き家庭の増加、夫婦の離婚率の増加などの家庭に関する課題が見られたことや、地域基盤の変化に伴い地域との子育て家庭との関係性の変化などがあります。その後も子育て支援への期待はさらに高まるとともに、幼稚園教育要領では幼稚園において、幼保連携型認定こども園教育・保育要領では幼保連携型認定こども園において、その施設の特性に応じて子育て支援の取り組みに努めることが明文化されています。

保育施設での保育ソーシャルワーカーの必要性

　保育施設における子育て支援のうち、たとえば保育所では、保

育所保育指針（2017年3月）第1章総則で「保育所は、入所する子どもを保育するとともに、家庭や地域の様々な社会資源との連携を図りながら、入所する子どもの保護者に対する支援及び地域の子育て家庭に対する支援等を行う役割を担う」と規定されています。ここで保育所は入所する子どもの保護者に対する支援と、地域の子育て家庭に対する支援等を行う役割があると示しています。そして保護者を支援する際、子どもの育ちや子育てに関する保育の専門性の知識・技術とあわせて、保護者や子どもに寄り添い、その置かれている状況をアセスメントし、そのうえで保護者自身が主体となり具体的に生活課題の解決などをめざすという、ソーシャルワークの専門性の知識・技術を用いた支援の方法が必要となります。このように保育者には保育の知識・技術と、ソーシャルワークの知識・技術の双方を用いた保育ソーシャルワークが必要となります。そしてその中心的役割を担うことが期待されているのが、日本保育ソーシャルワーク学会が定める研修を経た保育ソーシャルワーカーであるといえます。

保育施設での保育ソーシャルワーカーの役割

　また、保育所保育指針の第4章子育て支援のなかで「保育所の特性を生かした子育て支援」として次のことが示されています。

　ア　保護者に対する子育て支援を行う際には、各地域や家庭の実態等を踏まえるとともに、保護者の気持ちを受け止め、

相互の信頼関係を基本に、保護者の自己決定を尊重すること。

イ　保育及び子育てに関する知識や技術など、保育士等の専門性や、子どもが常に存在する環境など、保育所の特性を生かし、保護者が子どもの成長に気付き子育ての喜びを感じられるように努めること。

　ここにある保育者による子育て支援の方法を考察すると、①保育および子育てに関する知識を活用することと、②保護者の気持ちを受け止めながら信頼関係を構築するために保護者に働きかけ、その積み重ねによりに保護者自身が課題解決や子育ての喜びを感じられるように支援することといえます。特に①は保育の専門性を用いた技術であり、②はソーシャルワークの専門性を用いた技術です。このように保育とソーシャルワークの両方の技術を活用することで、支援の質を担保することが期待されます。

　またソーシャルワークでは人間関係を基盤とした支援を行うとともに、社会資源を用いて援助を進めていきます。具体的に子育て支援ではそのニーズや生活課題に応じて、地域の関係機関（行政・児童相談所・児童福祉施設・学校などの機関や施設）や地域住民と必要な方法で連携・協働して、課題解決を図ることが期待されます。特に子どもに障がいや発達上の課題がみられる場合や、保護者が抱える子育て不安や周囲との関係性の孤立などを背景とした子どもへの不適切な養育や虐待等が疑われる場合には、保育施設は市町村や関係機関・関係者などと連携し、その課題解

決を図ることが重要です。このように保育施設や保育者が子ども
や保護者に支援を進める際に、保育ソーシャルワークの援助技術
を意識して支援を進めることが必要であるといえます。

参考文献

川村隆彦・倉内恵里子『保育者だからできるソーシャルワーク ― 子どもと
家族に寄り添うための22のアプローチ ―』中央法規、2017年。

Q8 子育て支援施設（子育て支援センター、子育てひろば等）における保育ソーシャルワーカーの役割はどのようなものですか？

子育て支援施設が求められる背景

　子育て中の親子が集うことのできる場所として、子育て支援センター、子育てひろば、児童館等があります。国はこれらをまとめて地域子育て支援拠点事業として実施しています。本書では、これらを「子育て支援施設」と呼ぶことにします。

　子育て支援施設の設置目的は、地域の子育て支援機能の充実を図り、子育て中の親子の不安感等を緩和し、子どもの健やかな育ちを支援することです。活動内容は、乳幼児のいる子育て中の親子の交流や育児相談、地域の子育て情報の提供、子育てや子育て支援についての講習を開催すること等があります。子育て支援施設が設置された背景には、子育て中の保護者が悩みや不安を抱えていても身近に相談する人がいない、という「子育ての孤立化」があります。「子育ての孤立化」は保護者の育児負担感を増加させ、ひいては子どもへの虐待にもつながることがいわれており、大きな問題となっています。そのようななか、子育て支援施設で働く職員には、子育て中の保護者に寄り添い、少しでも子育てを楽しいと思えるようになるための支援をすることが求められているのです。

3 子育て支援施設の現状

子育て支援施設は、2015年度では、全国に6,818箇所設置されており、その数は年々増加をしています。設置場所としては、図表8-1からもわかるように保育所が43,6%と一番多くを占めており、次いで公共施設が21.8%、児童館が13.0%となっています。働いている職員には、「子育て親子の支援に関して意欲のある者であって、子育ての知識と経験を有する専任の者」(「地域子育て支援拠点事業の実施について」、2次改正雇児発0403第18号、2017年4月3日)といった要件が求められていますが、実際には、保育所で働く保育士や児童館職員、児童福祉施設職員等がその役割を担うケースが多くみられます。

図表8-1　2015年度地域子育て支援拠点事業の実施状況

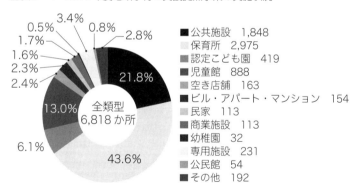

出典：厚生労働省ホームページ「地域子育て支援拠点事業実施状況」
　　　http://www.mhlw.go.jp/file/06-Seisakujouhou-11900000-
　　　Koyoukintoujidoukateikyoku/kyoten_kasho27.pdf)

保育ソーシャルワーカーとしての職員に求められる専門性

　これまでにも子育て支援施設で働く職員に求められる専門性については多くのことがいわれてきました。なかでも金子恵美は、求められる専門性として「①子どもと家族を個別的に支援する力、②家族を支援するための関係調整力（ソーシャルワーク）、③親のエンパワメントを高める力、④保育力、⑤アウトリーチ（地域に出向いて家庭を支援する力）、⑥子どもと家族が抱える問題や課題への対応力」（金子恵美「地域子育て支援拠点におけるソーシャルワーク活動－地域子育て支援センター全国調査から」『日本社会事業大学研究紀要』、第54号、2007年、129－150頁）が必要であると指摘しています。

　この指摘にあるように、子育て支援施設では子どもへの保育に関する知識や技術だけではなく、親子、家族を対象とした多様な相談内容に応じ、公的・私的サービスや市民活動、ボランティア、その他の社会資源など地域も視野に入れながら、コーディネートしていく役割が求められているといえるでしょう。

参考文献

伊藤良高・永野典詞・中谷彪編『保育ソーシャルワークのフロンティア』晃洋書房、2011年。
鶴宏史『保育ソーシャルワーク論　社会福祉専門職としてのアイデンティティ』あいり出版、2009年。

> **Q9** 保育所以外の児童福祉施設（乳児院、児童養護施設等）における保育ソーシャルワーカーの役割はどのようなものですか？

乳児院・児童養護施設とは

　乳児院や児童養護施設（以下「児童福祉施設」と略）は、保育所・幼稚園・認定こども園等とは違い、「子どもたちの日常的な生活の場」といえます。職員は24時間体制で子どもたちを「育てていく」ことになるため、日常生活支援が主となります。また、子どもたちの安全・安心を保障できる一番の場所としての機能・役割を持つことが児童福祉施設には求められます。児童福祉施設には、家庭において何らかの諸事情があり、そこで保護者と一緒に生活することのできない多くの子どもたちが入所しています。その要因として、保護者の不在や家庭養護困難、不適切な養育や児童虐待等があります。加えて、近年では、何かしらの障がいを抱えて入所してくるケースも増加しています。こうした子どもたちは、自身の保護者に対し、安心して自分の身を委ねる経験をしてきていないため、育ちそびれ等も多く指摘されています。

　また、保護者自身も子どもを適切に養育することができずに悩みや不安を抱えている場合があります。配偶者等から暴力を受けていることもあり、適切な養育環境を保てないまま困難な状況に置かれているケースも少なくありません。そのため、児童福祉施設は児童相談所と緊密な連携を行いながら、このような子どもや

保護者の抱える課題を正確に把握し、その解決や緩和を目指して的確に対応していくことが求められています。ゆえに、児童相談所をはじめとする各関係機関と有機的連携を行うことで情報を共有しながら親子関係の再構築に向けた支援を行います。また、子どもたちの気持ちも考慮しながら十全な育ちを保障していく取り組みを行っていく必要があるといえます。

児童福祉施設に求められる保育ソーシャルワーカーの役割

　2011年7月、厚生労働省・児童養護施設等の社会的養護の課題に関する検討委員会・社会保障審議会児童部会社会的養護専門委員会がとりまとめた「社会的養護の課題と将来像」において、社会的養護の基本的方向として以下の4点が指摘されています。すなわち、①家庭的養護の推進、②専門的ケアの充実、③自立支援の充実、④家族支援、地域支援の充実、です。

　こうしたことを踏まえ、児童福祉施設において具体的に保育ソーシャルワーカーとしてどのような役割が求められるのか述べていきます。1つ目に家庭的養護の推進についてですが、できる限り家庭的な養育環境のなかで、特定の大人との継続的で安定した愛着関係のもとで養育していくことが望ましいものとされています。

　2つ目に、専門的ケアの充実についてですが、社会的養護の必要な子どもたちは愛着形成の課題や心の傷を抱えていることが多いため、他者に対する基本的信頼を獲得しつつ、安定した人格形

成を図ります。また、子どもたちが心の傷を癒して回復していけるよう、専門的な知識や技術を有する専門職によるケアや養育が必要といえます。

3つ目に子どもの自立支援についてですが、児童虐待など複雑かつ深刻化する子どもたちの問題に対応するために、子どもと家庭に対する的確なアセスメントを行い、これに基づいた適切な自立支援計画の策定が求められています。ここから、自己肯定感を育み自分らしく生きる力、他者を尊重し共生していく力、生活スキル、社会的スキルの獲得ができるよう支援していくことになります。

4つ目に家族支援、地域支援の充実についてですが、保護者の気持ちに寄り添い、保護者と子どものパイプ役となりながら、家族関係の修復をしていきます。ここでは、保護者と子どもの気持ちを汲み取りながら、時にはお互いの代弁者となることも求められます。特に、保護者や子ども言動の背景にあるSOSに気付き、そして受け止め、早めの対応を行っていきます。また、児童福祉施設のソーシャルワーク機能を高め、地域の社会的養護の拠点として地域支援の充実を図っていくことが必要になってきています。

上述したように、児童福祉施設で働く保育ソーシャルワーカーにはさまざまな資質が求められています。よりよいソーシャルワークを展開し続けるためにも、自分自身のケアにも相当の力を注ぐことが大切です。自分ならではのセルフケアの方法を探すことや、関係者による適切なスーパービジョンを受けることも必要となります。

参考文献

日本保育ソーシャルワーク学会編『保育ソーシャルワークの世界―理論と実践―』晃洋書房、2014年。

保育ソーシャルワーカーの機能

Q10 保育ソーシャルワークとは何ですか?

保育ソーシャルワークの理念

　子育て家庭の抱える多様なニーズに関連する支援技術の1つとして、保育実践においてソーシャルワーク視点やそのスキルの必要性について議論されるようになりました。2000年頃からは、保育とソーシャルワークをテーマにした研究も発表されるようになってきています。子どものウェルビーイングを目指す子ども家庭福祉の理念と同様、保育ソーシャルワークも子どもの最善の利益を基盤に、子どもたちの育つ家庭、地域、社会に広くはたらきかけ、必要な支援を行うことで、子どもたちの健全な成長発達を促進させることがその使命であるといえます。本書「Q3　保育ソーシャルワーカーの定義」で示されているように、保育ソーシャルワークは「保育」と「ソーシャルワーク」に関する理論と実践の総称であり、「保育に関するソーシャルワーク」「保育を対象とするソーシャルワーク」等としてとらえることができるでしょう。

ただし、ここでいう「保育」「ソーシャルワーク」は、単にソーシャルワーク論に保育を当てはめるものではなく、従来の保育の専門性にソーシャルワークを上乗せするだけでもありません。保育実践の現状と課題をふまえ、新たに「保育ソーシャルワーク」として丁寧にとらえなおす作業が必要です。現段階では、保育ソーシャルワークの定義について統一した見解が示されていないのが実状です。したがって、これから保育ソーシャルワークについての考究を深めていくことが重要な課題であるといえます。

保育ソーシャルワークにおける支援とその課題

　ここでは、日本保育ソーシャルワーク学会の保育ソーシャルワーカーの定義（Q3参照）に基づき保育ソーシャルワークの内容について考えます。

　この定義からは、保育ソーシャルワークは主に保育所・幼稚園・認定こども園等の保育施設、あるいは地域子育て支援事業等において用いられる活動であるととらえることができます。近年では、保育士が特別な配慮を要すると認識する子どもや保護者へのかかわりのあり方が重要な課題となっており、保育ソーシャルワークは、保育や子育て支援等の関連領域の実践において、子どもと保護者それぞれの成長発達を妨げるような問題についての解決を図り、エンパワメントを目指すことが目的の１つといえるでしょう。具体的な内容としては、障がいや疾病、家庭環境に課題を抱え、行動問題等を生じている子どもへの直接的な支援、子育

てへの悩みや生活課題等を抱える保護者への相談・助言、情報提供、地域の関係機関との連携や調整、施設組織内のマネジメントやスーパービジョン等があげられます。しかし、これらを保育士や保育施設等の場のみで実践することは現実的ではありません。このような営みをつないでいくコーディネート機能をどこで、誰が担っていくかを早急に検討することが必要となります。

　保育の場において子どもと保護者のトータルな育ちを支援するうえで、保育ソーシャルワークは今後ますます重要になることが予測されます。保育ソーシャルワークの定義を明示していくために、理論と実践の両輪から研究を深め、保育ソーシャルワークの対象、機能、内容、フィールド、保育士の位置づけ等について追究していくことが求められます。

参考文献

伊藤良高・永野典詞・中谷彪編『保育ソーシャルワークのフロンティア』晃洋書房、2012年。
日本保育ソーシャルワーク学会編『保育ソーシャルワークの世界 ―理論と実践―』晃洋書房、2014年。

Q11 保育ソーシャルワーカーが担う「相談援助」機能とは具体的にどのようなものですか？

保育者が行うカウンセリング

　カウンセリングとは、もともと大学生などに対する進路指導の際に使われてきた援助技法ですが、日本には1970年代に学校現場で起きるさまざまな問題に対処するための技法として紹介されました。教師は生徒と上下関係がありますが、カウンセリングではできるだけ対等の関係で、教師も本音で生徒に自分の気持ちを伝えることを重視します。なぜなら、人の相談を聴くことで相手がよい方向に変化するには、相手との信頼関係が必須だと考えるからです。そのためには先生が上から目線で子どもたちと話す関係性ではうまくいかないのです。

　このことは育児場面や保育場面でもあてはまります。たとえば、親や保育者は子どもを叱らなければいけない場面がありますが、子どもの気持ちを全く無視して叱ると、せっかくの言葉も子どもに受け入れられず、望ましい行動が身につきにくくなります。親や保育者も完全な人間ではありません。「もし自分が子どもの頃だったら、叱られなかっただろうか」といった子どもと同じ目線に立つことも必要です。

　保育現場でのカウンセリングの必要性は、この30年ほど数多くの研究者によって指摘されてきました。さまざまな本でカウン

セリングの大切さは解説されていますが、最低限押さえておきたいことは、カウンセリングは単に悩みを聴くだけで終わるのではないということです。國分康孝は、カウンセリングとは「言語的および非言語的コミュニケーションを通して、相手の行動の変容を援助する人間関係である」（國分康孝『カウンセリングの理論』誠信書房、1980年、5頁）と定義しています。良い方向に変えるとは、育てることと同義でしょう。温かい目で見守りつつ、子どもや周りの人々が変わっていく手助けをどうしていけるのか。それが保育者に求められる役割ではないでしょうか。

保育ソーシャルワーカーの相談援助

　保育者ソーシャルワーカーが行う相談援助の対象は主に3つです。子ども、保護者、そして同僚の保育者です。乳幼児は気持ちを言語化することが難しいので、実際の相談援助は遊びのなかで行うことになります。専門的には遊戯療法や箱庭療法など、子どもに適した心理療法の技法も開発されています。

　次に保護者への援助は、カウンセリングの技法となります。保護者の悩みの多くは育児のことや夫婦関係などで、保育者はアドバイスを求められる立場です。自信をなくしている保護者の気持ちを支え、寄り添っていくかかわりが望まれます。

　最後に、同僚への援助ですが、これは正確には「ピアスーパービジョン」と呼ばれる行為です。つまり同僚が接している子どもや担当するクラスでどのように対応すればよいかという悩みに対

し、直接子どもたちと接するのではなく、経験にもとづいた助言を行うのです。それだけでも悩める同僚にとってはかなりの助けになります。

　このような相談援助を可能にするには、適切なカウンセリングの学習が必要なのはいうまでもありません。心理学の基本的な理論に関する理解や、カウンセリングの技法についての大まかな学習も必要になるでしょう。可能であるならば専門家をお招きし、研修会を実施することも大変効果的です。より実践的な点では、小口将典が保育ソーシャルワークにおける面接技術について、「相談面接は、よい聴き手になることからはじまる。相談支援は、基本的には指導や説得ではなく、本人（保護者）が自らの力を取り戻して、主体的に乗りこえていく過程を見守ることである」（小口将典「保育ソーシャルワークにおける面接技術」日本保育ソーシャルワーク学会編『保育ソーシャルワークの世界―理論と実践―』晃洋書房、2014年、77頁）と述べています。見守る姿勢は、子育てにおける基本であり、保育者がもともと大切にしているスタンスであるといえるでしょう。

　相談援助は決して特別なものでなく、経験豊富な保育者はすでに身につけているスキルでもあります。身近な同僚同士で経験を共有しあい、優れた保育者に学んでいくことも有効です。

参考文献 📖

石川洋子編『子育て支援カウンセリング―幼稚園・保育所で行う保護者の心のサポート―』図書文化社、2008年。

國分康孝『カウンセリングの技術』誠信書房、1979年。

Q12 保育ソーシャルワーカーが担う「連携」機能とは具体的にどのようなものですか？

保育ソーシャルワークにおける連携

保育ソーシャルワーカーは新しい役割を担うため、保育現場でどのような連携のあり方が望ましいかについて説明します。保育ソーシャルワークにおける関係機関との連携について、伊藤良高は「これまで保育施設・保育者には明確に意識されてこなかった、間接援助技術としてのコミュニティワーク（地域援助技術）やソーシャル・ウェルフェア・アドミニストレーション（社会福祉運営管理）などに関する知識、技術（能）が一定有用である」（伊藤良高「保育ソーシャルワークと関係機関との連携」伊藤良高・永野典詞・中谷彪編『保育ソーシャルワークのフロンティア』晃洋書房、2011年、47頁）と述べています。このことから、保育ソーシャルワーカーは、保育所・幼稚園等保育施設のなかでの保育者としての役割にとどまらず、地域社会でどのような調整役ができるのかという、より広い視点が強調されているといえます。

また、北野幸子は、家庭・地域の連携をうながす保育ソーシャルワークについて、「保育者自らが現在の保育のシステムを正しく理解し、その利点をいっぽうで活かし、他方でその課題を考え、その課題の解決のためのソーシャル・アクションを起こし、保育の重要性について家庭や地域に発信していくこと」が望まれ

ると述べています（北野幸子「保育者と家庭・地域との連携に関する保育ソーシャルワーク」日本保育ソーシャルワーク学会編『保育ソーシャルワークの世界―理論と実践―』晃洋書房、2014年、57頁）。ここでは「発信」というキーワードに注目します。保育者は専門職ですので、特に子育てについて親や地域の方々のアドバイザー的な役割を期待されます。それは育児経験のない若い保育者であっても同様です。そうした期待に対して、保育者は何ができるのか。最近ではSNSなどのインターネットなどを通じて、個人や各園が社会に情報発信するチャンネルは増えつつあります。個人情報保護には考慮しつつも、園での取り組みや保育実践にもとづく有益な情報を社会に伝えていく役割を少しずつ果たしていきたいものです。

連携による保育ソーシャルワーカーの自己成長

　こうした社会全般を視野に入れたかかわりは、1人1人の子どもを支援する際にも非常に有効であり、1つの支援の取り組みが次に生きる良い循環につながりやすくなるでしょう。保育者自身の自己啓発、つまり保育者としての力量の向上も期待できます。北野幸子は、保育者の自己実現につながるソーシャルワークについて、「家庭・地域と、園が、よりよい人間関係の構築により、子どもそして、保護者、地域の人、保育者それぞれのウェルビーイングを目指し、主体的なソーシャルアクションを図ること、このために保育者が専門職として果たせる役割をしっかり再考す

る必要がある」（北野幸子、前掲論文、61頁）と述べています。「ウェルビーイング」とは「主観的幸福感」という意味ですが、経済力や社会的地位とは別に、本人が自分をどの程度幸せだと感じているかを表す心理的指標です。渡辺和子は、「『私は、木を切るのに忙しくて、斧を見る暇がなかった』一人の実業家が、定年後に語ったというこの述懐を、私は自戒の言葉として受け止めています」とし、「一生懸命はよいことだが、休職も必要」（渡辺和子『置かれた場所で咲きなさい』幻冬舎、2012年、16頁）と述べています。

　家庭や地域、各専門機関との調整は、非常に保育者を疲弊させる仕事です。面談するにも時間の調整が必要ですし、同僚間での細心の注意を払った情報共有もせねばなりません。各専門機関はそれぞれ固有の制度や仕組みを備えており、保育者にとっては予備知識も必要になります。そうしたなかで、保育ソーシャルワーカーは、様々な園外の方々とのかかわりのなかから、自分なりの意味について問い直し、仕事へのやりがいを保ちながら、連携を続けていくことが望ましいでしょう。これは支援者としてのメンタルヘルスの問題ともかかわってきますが、まずは自分自身のメンタルヘルスを優先すること、これが重要であるといえます。

参考文献

伊藤良高・永野典詞・三好明夫・下坂剛編『新版　子ども家庭福祉のフロンティア』晃洋書房、2015年。
増田直記『私たちはどうつながっているのか―ネットワークの科学を応用する―』中央公論新社、2007年。

Q13 保育ソーシャルワーカーが担う「仲介」機能とは具体的にどのようなものですか?

仲介機能とは

　ソーシャルワークの仲介機能は、ソーシャルワーカーが「クライエントと社会資源との仲介者（ブローカー）」としての役割を果たすことによって担われる、重要な援助技法です。保育ソーシャルワークに置き換えると、クライエントは保護者、子ども、子育て家庭、保育所や子育て支援の実践を行う保育士等と想定することができます。また、社会資源とは子育てや地域生活を営むうえで必要な福祉サービス（人材、物資、金銭等）や施設・機関、地域住民、ネットワークなどを指します。すなわち、保育ソーシャルワークにおける仲介機能とは、保育ソーシャルワーカーが子どもや保護者等のクライエントのニーズに対し、適切な社会資源を紹介する等、その関係性をとりもつ役割と理解できるでしょう。

　以下、保育ソーシャルワーカーの仲介者としての具体的な役割について、①子ども・保護者・保育士等（以下「クライエント」と略）が必要とする専門機関等の情報提供、②クライエントが必要とする専門機関の紹介、③クライエントに紹介した専門機関との連絡や調整の3点から説明します（鶴宏史・中谷奈津子・関川芳孝「保育所における生活課題を抱える保護者への支援の課題：保育ソーシャルワーク研究の文献レビューを通して」『教育学研究

論集』第11号、2016年、1—8頁)。

具体的な仲介者としての役割

　子育てを通し、子どもと保護者が成長していくうえで、さまざまな環境とのかかわりが必要です。孤立した子育てを防ぐためにも、親子が子育て支援に関連した社会資源を適切に活用できることが重要となります。保育や子育て支援の場にかかわる保育ソーシャルワーカー等が仲介者として担う大切な役割の1つは、地域で安心して子育てを営むために、クライエントの必要性に応じた地域の福祉・医療・保育・教育等に関する制度やサービス、支援機関等に関する適切な情報提供を行うことです。

　また、これら情報提供にとどまらず、専門機関等にクライエントがつながっていくことができるよう、保育ソーシャルワーカー等がニーズに沿った専門機関等に紹介することが求められるケースもあります。昨今、保育現場では子どもと保護者への対応のあり方が課題となっています。たとえば、未診断でも身体的・社会的・心理的な観点から発達の遅れや偏りが見られる子ども、アレルギー等の疾患を抱える等、保育において特別な支援を要する子どもへの支援の難しさです。同様に、保護者が障害や精神疾患、過度のストレスによる子育ての困難さを抱えている、子どもの問題に関心を示さない、子どもに対して不適切なかかわりが見られる等、個別の配慮が必要な状況が報告されています。このような場合、保育現場のみでの対応は困難となるケースが多いため、保

育ソーシャルワーカー等の介入により、どのような社会資源が親子に必要とされるかを丁寧に吟味し、専門的な機関等へつなげる役割を担うことが必要とされます。

　ここでは、クライエントの状況によっては、抱えている課題や要望を保育ソーシャルワーカー等がクライエントに代わって伝え、交渉する役割を果たすこともあります。さらに、紹介後のフォローアップとして、クライエントの状態や専門機関による援助の状況を把握し、必要であれば調整を行うことも必要でしょう。このように、保育現場、専門機関、子ども・保護者との連携を円滑にするため、保育ソーシャルワーカー等が情報の共有や連絡調整を行い、橋渡しの役割を担うことは大切な仲介機能となります。

保育ソーシャルワーカーに求められること

　効果的な仲介機能を果たすうえで、保育ソーシャルワーカー等には①子ども・保護者が真に必要とする社会資源や社会的機会を見極め、適切に提供すること、②地域の社会資源との関係性を構築していくことが求められます。そのためには、子ども・保護者の生活状況および抱えている課題を正確に把握するアセスメント力や、そのニーズに応じた社会資源を吟味し、資源に結びつける技術力を高めていくことが必要です。

参考文献 📖

日本社会福祉実践理論学会ソーシャルワーク研究会「ソーシャルワークのあり方に関する調査研究」『社会福祉実践理論研究』(第7号、1998年、69-90頁)。

佐々木政人「社会福祉援助者の役割と戦略」白澤政和・尾崎新・芝野松次郎編著『社会福祉援助方法』有斐閣、1999年。

Q14 保育ソーシャルワーカーが担う「調停」機能とは具体的にどのようなものですか?

調停機能とは

　鶴宏史は、「保育士にはソーシャルワークなどの対人援助技術の習得が求められてきている。ソーシャルワークは、利用者の生活の全体性という視点から個人と多様なレベル(個人・家族、集団、地域)の環境との相互作用に働きかけ、利用者の問題解決と主体的な生活を目指す援助方法であるので、その機能とソーシャルワーカーの役割は、非常に多様である」(鶴宏史「子育て支援における援助初期の面接技法に関する考察」『福祉臨床学科紀要』、第1巻、2004年、49頁)と述べています。

　同氏は、ソーシャルワークの機能とソーシャルワーカーの役割として、調停機能の役割を、「クライエントや家族と地域社会との間での意見の食い違いや争いが見られる時、その調停者としての役割」としており、保育・子育て支援においては、「子ども同士の関係、親子関係、保護者関係の調整」(鶴前掲論文、50頁)と述べられています。この指摘にある通り、保育ソーシャルワークにおける「調整」機能の関係者は、子ども、親が主であることが理解できます。

子どもの気持ちを受け止める

　保育ソーシャルワーカーの活躍する領域の多くは、乳児期から就学前の子どもと保護者（家族）・地域になります。対象となる子ども達の多くは、自分の気持ちや思いを上手に他の人（保護者）に伝えることができない子どももいます。そのため、保育ソーシャルワーカーは、まずは、子どもの気持ちや思いを受け止める事が大切です。そのうえで、子どもが気持ちや伝えたいことを子どもの代わりに親や関係者に伝えることが大切です。

　保育者が行うソーシャルワークは、日常の子どもの様子を観察でき、子どもの発達や心理についての知識があるため、子どもが発する日常と異なる言葉や行動に「気づく」機会が多くなります。たとえば、よく他の子どもにかみつく子どもがいたとします。子どもの「かみつき」行為そのものを、責めるのではなく、「かみつき」をする行動の要因について、子どもが伝えられない言語を受け取る姿勢が必要となります。

関係者の調停役割

　たとえば、児童虐待が発生しているなかでは、関係者は、子ども（被虐待児）、親（虐待者）、その周辺の人々（家族・保育現場）が考えられます。被虐待児は、自分の置かれている状態について、その状況や気持ちをうまく伝えることが出来ない場合が多いです。虐待者においても、虐待行為そのものの認識はあります

が、なぜ虐待を行ってしまうのか分からない状況があります。また、家族も保育者も虐待の要因を親（虐待者）にのみ求めてしまいがちです。つまり、虐待を行う行為に対しての嫌悪感を募らせたり、その原因を虐待者に限って追求することに焦点を当てたり、虐待をする行為そのものの早期解決ばかりをのぞむため本来の解決に必要な、問題の顕在化や、関係者間の信頼関係が築くことが難しくなってしまいます。

　このような場合、子どもの気持ちや思いに親和性を持ち、さらに親の状況を理解し・整理し、保育ソーシャルワーカーが、関係者の間に入ることで冷静になってもらうこと、課題について関係者が認識・確認することが大切です。問題の真の解決のため、子どもの最善の利益を確保するためには、具体的に多様性をもって関係者が課題の解決内容を決めていくことを支援することが必要であり、「調停」機能が大切になります。

参考文献

土田美世子『保育ソーシャルワーク支援論』明石書店、2012年。
鶴宏史『保育ソーシャルワーク論　社会福祉専門職としてのアイデンティティ』あいり出版、2009年。

Q15 保育ソーシャルワーカーが担う「ケースマネージャー」機能とは具体的にどのようなものですか?

保育ソーシャルワークにおけるケースマネジメント機能

　ソーシャルワーカーに求められる役割にはさまざまなものがあります。なかでも「ケースマネジメント機能」とは、クライエントが持つ課題を解決するために、ソーシャルワーカーが地域にある様々なサービスをうまく利用できるように援助することをいいます。この「ケースマネジメント機能」を行う人のことを「ケースマネージャー」と呼びます。そして、保育ソーシャルワーカーにも「ケースマネージャー機能」が求められています。

　鶴宏史は、保育や子育て支援の現場で求められるソーシャルワークの機能・役割についてまとめています(鶴宏史『保育ソーシャルワーク論　社会福祉専門職としてのアイデンティティ』、あいり出版、2009年、74頁)。ここで指摘されているように、保育・子育て支援の場で求められる保育ソーシャルワーカーの「ケースマネージャー機能」とは、子どもや親に適切な社会資源を結び付けたり、組み合わせたりする役割、他専門機関との連絡・調整の役割を果たすことにあります。では、具体的にはどのようなことを指すのでしょうか。

「ケースマネージャー」としての保育ソーシャルワーカー

　クライエントが持つ課題は、多くの場合、さまざまな問題が絡み合った複雑なものです。主に保育ソーシャルワーカーのクライエントとなる子育て中の親子からの相談は、子どもの身体的・精神的成長、発達や基本的生活習慣、遊び等の保育に関する事柄から親を含めた家族間の問題、経済的・社会的な問題など多岐にわたります。保護者の多くは自分の不安の原因がどこにあるのかはっきりと分かっていない場合も多く、まずは保護者に出会い（インテーク）、保護者が抱えている課題やニーズを捉えること（アセスメント）が求められます。そして、それらの課題・ニーズをどのように解決していくか計画（プランニング）し、具体的なサービスの提供、介入（インターベンション）、計画がうまく進んでいるか確認（モニタリング）しながら、サービスの再調整をしていきます。

　このように、「ケースマネージャー機能」は、インテークからアセスメント→プランニング→モニタリング→再アセスメントと循環過程を通して実施されます。それぞれの課題・ニーズにあった計画をたてるためには、特定の公的・私的サービス、また地域の社会資源だけで解決することは難しく、それぞれのサービスや社会資源が互いに協働していくことが求められます。その際、効果的な支援ができるように複数の社会資源との連絡・調整が求められるのです。そのため、どのようなサービスや社会資源があるのか熟知し、計画的にマネジメントしていく力が必要となってい

くのです。

参考文献 📖

芝野松次郎・小野セレスタ摩耶・平田祐子『ソーシャルワークとしてのコーディネート—子育てコンシェルジュのための実践モデル開発—』、関西学院大学出版会、2013年。
鶴宏史『保育ソーシャルワーク論　社会福祉専門職としてのアイデンティティ』あいり出版、2009年。

Q16 保育ソーシャルワーカーが担う「教育」機能とは具体的にどのようなものですか?

　保育ソーシャルワーカーが担う役割として、相談援助の専門性、家庭や地域社会との密な連携、虐待予防、権利擁護機能などが今日的視点として強調されています。具体的には、子育て支援などに関する教育や相談援助の実施、地域の子育て支援に関する情報の提供や啓発などが挙げられます。

　ここでは保育ソーシャルワーカーが担う「教育」機能について地域子育て支援とグループワークを中心に説明します。

地域子育て支援

　近年、保育所の地域における子育て支援の役割が注目されており、2008年3月改定厚生労働省「保育所保育指針」においても示されています。その背景には近年の急速な少子化の進行、社会構造・家庭・地域を含むコミュニティの変貌、また、個人のライフスタイルや価値観の多様化といった子どもと家庭や地域を取り巻く環境が著しく変化してきたことが挙げられます。これらに伴い、小学校就学前の子どもの保育並びの家庭・地域の子育て支援に係るニーズも多様化・複雑化してきています。

　子ども自身においては生活習慣や食習慣の乱れ、規範意識の低下、運動能力やコミュニケーション能力の低下、小学校生活への

不適応などといった問題が、また保護者については子育てに対する無理解や孤立化に伴う、育児不安から過保護や過干渉、虐待に至るまでさまざまな子どもと保護者の関係に起因する問題が指摘されています。

　これらを背景に、保育所には入所する子どもの保育のみならず、家庭・地域の様々な関係機関との連携を図りながら、保護者及び地域の子育て家庭に対する支援を担う役割が一層高まってきました。先に示した保育指針は、10年ぶりの改正となっており、2016年8月に社会保障審議会児童部会保育専門委員会が示した保育所保育指針の改定に関する中間とりまとめ1．（4）保護者・家庭及び地域と連携した子育て支援の必要性において「（保護者と連携した「子どもの育ち」への支援）」等において、より積極的な保護者支援の必要性が示されています。また、子ども・子育て支援新制度の施行等もあり、地域の専門機関とのさらなる連携・協働を図るために保育所が拠点的な役割を担う点も示されています。

　このように子どもとその家族が生活する地域では、保育ソーシャルワーカーによりよい子育ち・子育て環境へ整えていく役割が求められます。千葉千恵美は「子育て支援における地域ネットワークの中心は、児童虐待の防止や早期発見である。」（日本保育ソーシャルワーク学会編『保育ソーシャルワークの世界―理論と実践―』晃洋書房、2014年、49頁）とし、「子育て家族と地域との境界線をオープンにすることが」、よりよいネットワーク体制につながると述べています。

今日、地域子育て支援の現場では、保護者自身が周囲と人間関係をうまく作ることができずに、子どもとともに孤立していたり、氾濫する情報を無理やり自分の子どもにあてはめようとして、あてはまらないことにいらだちを感じる保護者が多くいます。これらの課題は個別的なものですが、子育ての悩みを分かち合い、苦労を共有し、新たな知識を学習し、子育ての視点を広げるには、教育的機能としてグループワークも有効です。

グループワーク

グループワークとは、保育施設や子育て支援センターなどで子育てサークルなどを設け、地域で子育てや育児に悩む保護者など、何らかの共通点を抱える人たちが集い、グループでの交流や相互作用を通じてそれぞれの悩みの解決につなげる取り組みです。

たとえば、障がいを有する子どもの子育てや療育、就学に関する悩みや不安を抱える保護者が集まり、それぞれの不安や悩みを解消し、課題の解決につなげるというものです。この際に保育ソーシャルワーカーがリーダーとしてすべてを取り仕切ってしまうのではなく、あくまでも参加者メンバーが主体的に活動できるよう支援していくことが重要になります。

保育ソーシャルワーカーには、このような教育的機能を活用しながら、さらにはメゾレベルの地域を視野に入れたコミュニティワークへとつなげていくことも期待されています。

参考文献 📖

伊藤良高・永野典詞・中谷彪編『保育ソーシャルワークのフロンティア』晃洋書房、2011年。
片山義弘編著『社会福祉援助技術』北大路書房、2009年。

Q17 保育ソーシャルワーカーが担う「組織」機能とは具体的にどのようなものですか？

保護者支援・子育て支援

　保育ソーシャルワーカーには保育に関する専門性とソーシャルワークに関する知識と技術の双方が求められます。これを受けて実践面で整理をすると次のようになります。保護者や子育て家庭が抱える子育て問題などの問題に直接的な相談を行う実践的支援。具体的には、保護者に子どもの養育に関する知識が不足していたり、育児不安などで子どもとのかかわりを拒否するといった場合の相談援助等です。また、保護者が抱える生活ニーズによって子どもの成長や発達に影響を及ぼす場合には、家庭全体の問題解決・緩和を図るための相談支援も行います。たとえば、保護者の離婚や経済的困窮を要因として保護者が子どもの養育に困難を感じる場合です。このような場合には各種サービスや社会資源に関する情報提供や関係諸機関との連絡調整を行います。つまり、ミクロ（個別的）からメゾ（家庭・地域）までを包括的にとらえて支援をしていくのです。

　いま、地域では子育てに悩む家族だけでなく、障がいを抱える子どもの養育や療育、認知症を含む要介護高齢者とのダブル・ケア（子育て・介護）に悩む家族の問題が深刻化しています。これらの問題をかかえる家族の多くは、抱えている問題を家庭内の問

題としてフォーマル・サービス(公的制度)をあまり利用していません。実際、制度の存在を知らない場合も多くあります。そして大半の女性が養育や家事、子育て(介護)を担い、自分の自由時間を削りながら家という狭い空間のなかで心身をすり減らし疲弊した生活を送るという状況に置かれています。

このような状況に対し地域では、家族の問題に立ち入ることへの躊躇や支援すべきニーズの見出しにくさから、気にはかけながらも遠巻きに傍観していることが多くあります。いっぽう、2015年の子ども・子育て支援新制度が施行されたこともあり、地域で子育て支援にかかわる市民団体やNPOなども含めたインフォーマル(非公的な制度)な機関も増えてきています。このようななか、国は保育施設と子育て支援機関との連携や協働を強めることを重視しており、その方向性は、2016年8月の社会保障審議会児童部会保育専門委員会による「保育所保育指針の改定に関する中間とりまとめ」のなかでも示されています。

コミュニティワーク（地域福祉援助技術）

すでに述べたように、最近の地域住民の生活課題としては子育ての孤立化、児童虐待、障がいを抱える子どもの子育て、ダブル・ケアなどさまざまな問題がありますが、これらの問題は当事者だけの問題ではなく地域が抱える問題でもあり、地域全体で取り組まなければ本質的な解決には至りません。コミュニティワーク(地域福祉援助技術)とは、地域社会に発生する住民の生活課

題を地域社会自らが主体的・組織的・計画的に解決していくことができるよう側面的に援助を行う過程、および方法、その過程のことをいいます。

保育ソーシャルワーカーは、対象となる生活ニーズを解決・緩和するために地域の社会資源(フォーマル・インフォーマルサービス)との連携を図り、また、時にはニーズに即した子育てサロンや支援団体等の組織化を図りながらネットワークを構築していきます。コミュニティワークを実践していくうえで重要になってくるのが、このネットワークです。ネットワークは社会資源を有機的につなぐ仕組みのことですが、住民の生活ニーズの充足を目指した支援を行うには、子ども、子育て、保健・医療・福祉、教育関連、司法等も含む多方面(多分野)における各種社会資源を十分に理解していることが重要です。

このように保育ソーシャルワーカーは、子育てに悩む家庭と地域との連携を図り、地域の各種機関との連絡調整を行います。これらの活動により住民の連帯感が醸成され、さらには地域で子育てをしていくという意識が芽生えてくるといえるでしょう。

2017年に厚生労働省は「新たな時代に対応した福祉の提供ビジョン」において介護や障がい、子育て、生活困窮者といった分野の垣根を越えて、「全世代・全対象型地域包括支援体制」の構築を目指すと打ち出しました。これに伴い子ども、保護者、地域のウェルビーイングを求めて分野、制度の垣根を越えた保育ソーシャルワークの実践が求められています。

参考文献 📖

伊藤良高・永野典詞・中谷彪編著『保育ソーシャルワークのフロンティア』
晃洋書房、2011年。
日本保育ソーシャルワーク学会編『保育ソーシャルワークの世界―理論と実
践―』晃洋書房、2014年。

Q18 保育ソーシャルワーカーが担う「代弁・弁護」機能とは具体的にはどのようなものですか?

子どもの最善の利益を守る「代弁・弁護」機能

　保育ソーシャルワークにおける「代弁・弁護」機能とは、権利を表明することが困難な子どもや保護者、子育て世代など、本来個々人がもつ権利をさまざまな理由で行使できない状況にある人に代わって、権利を代弁・擁護し、その権利の実現を支援する機能であるといえます。専門的な言葉では、アドボカシー(advocacy)と呼びます。

　保育ソーシャルワーカーの最も基本的な役割は、"子どもの最善の利益"を守ることにあります。「子どもが、今、どのような思いをしているのか」を常に考え、子どもの立場から支援していくことが大切です。したがって、子どもの代弁者として、子どもの最善の利益を保障するために保護者を支援するという考え方が成り立ちます。

　全国保育士会倫理綱領(2003年)には、保育者が担う代弁について次のように示されています。

(利用者の代弁)

6. 私たちは、日々の保育や子育て支援の活動を通して子どものニーズを受けとめ、子どもの立場に立ってそれを代

弁します。

　また、子育てをしているすべての保護者のニーズを受けとめ、それを代弁していくことも重要な役割と考え、行動します。

「代弁・弁護」機能を担う保育ソーシャルワーカーの役割

　倫理綱領からも分かるように、保育者には常に子どもの立場に立ち、子どもの声なき声に耳を傾ける姿勢が求められます。そのため、代弁・弁護機能を担う保育ソーシャルワーカーには、子どもという存在の特性を理解しておく必要があります。子どもは保護者、地域社会あるいは社会制度に育てられるという受け身的な存在です。それは、子どもが小さければ小さいほど生活のすべてが受け身となります。こうした子どもという固有の存在を踏まえ、児童の権利に関する条約では、子どもの受動的権利のみならず、能動的権利を保障すべきであることが強調されています。あくまでも、子どもの主体性を認めた存在として位置づけ、子どもの育ちや人格の保障を支援していくと同時に、それを阻害されない環境を整備することが保育ソーシャルワーカーによる代弁・弁護の本質的な役割であるといえます。

　さらに、保育ソーシャルワークにおける「代弁・弁護」機能は、子どもに対する直接的な支援だけではなく、家庭（保護者）の支援を通じた間接的な子どもへの支援も重視されます。子どもに

とってもっとも身近な存在である家庭（保護者）が適切に機能して、はじめて子どもの最善の利益が保障されるからです。したがって、子育てをしている保護者のニーズを受け止め、地域の子育て支援施策に反映させていく役割も担っています。近年では、地域に出向いて子育てニーズを把握するという、アウトリーチと呼ばれる支援も積極的に行われるようになってきました。保育ソーシャルワーカー担う「代弁・弁護」機能として、以下の内容（図表18-1）が挙げられその活躍が期待されています。

図表18-1　保育ソーシャルワーカー担う主な「代弁・弁護」機能

支援方法	支援の内容
子どもの支援	・虐待などの発見、介入による支援 ・障害などの特別な配慮を要する子どもへの支援 ・児童福祉に関するサービス利用の調整
保護者への相談支援	・子育てに関する相談、支援 ・保護者が抱えている不安・悩み等への支援 ・個別のニーズに応じた専門機関・関連サービス、社会資源の紹介・連携
アウトリーチ	・地域に出向いた子育てニーズの把握 ・地域に出向いた活動・相談支援
ネットワーク	・地域社会資源の開発・育成 ・地域のネットワーク化

参考文献

金子恵美『増補 保育所における家庭支援－新保育所保育指針の理論と実践－』全国社会福祉協議会、2010年。

小口将典編著『臨床ソーシャルワーク－いのちと歩む高度専門職へのみちすじ－』大学図書出版、2015年。

5 保育ソーシャルワーカーに求められる知識・技術・倫理

Q19 保育ソーシャルワーカーに求められる知識とはいかなるものですか?

「保育」と「ソーシャルワーク」の専門性に支えられた保育ソーシャルワーカー

日本保育ソーシャルワーク学会では、保育ソーシャルワーカーを「保育ソーシャルワークに関する専門的知識及び技術をもって、特別な配慮を必要とする子どもと保護者に対する支援をつかさどる者」(Q3参照)と定義しています。

ここに示されている「保育ソーシャルワークに関する専門的知識」には、保育とソーシャルワークに関するさまざまな知識が含まれています。保育ソーシャルワーカーには、保護者の相談に応じる際のコミュニケーション技法だけではなく、抱えている問題の構造を理解する視点や、保護者の問題解決能力を高める働きかけの方法、連携して支援をすすめるための法律や関連職種の理解など幅広い知識が求められます。ここでは、保育ソーシャルワークを展開していくにあたり、基本となる3つの知識について説明します。なお、コミュニケーションと連携に関する知識について

は、Q10、Q12を参照してください。

バイステックの7原則

　この7原則は、ソーシャルワーカーのよって立つ価値と、守るべき態度、倫理を含んでいます。これを原点として保育ソーシャルワークが実践されます。

図表19－1　バイステックの7原則と援助関係の形成

原則	保護者の思い・反応	保育ソーシャルワーカーの役割
個別化	ひとりの個人として迎えられたい。	保護者の生活環境を理解し個別の問題としてとらえ支援する。
意図的な感情表出	自分の感情を我慢せず表出したい。	保護者が自分の感情や思いを遠慮なく自由に表現できるように支援する。
統制された情緒的関与	自分の気持ちに共感してほしい。	非難したり、反論したりしない、あくまでも保護者を受け入れる支援。
受容	自分を受け入れてほしい。	保護者を価値ある人間として受け止める。
非審判的態度	責められたり、裁かれたくしたくない。	一方的に相手の行動に対して説教したり、責めたり、善し悪しの判断をしない。
自己決定	問題を解決するのはあくまでも本人（保護者）自身である。	保護者の問題やどうしたいかの欲求（希望）を明確化し見通しが持てるように支援する。
秘密保持	相談した内容は他人に知られたくない。	秘密を守ることはソーシャルワークの基本であり、情報が洩れれば信頼関係を損なう。

出典：永野典詞・岸本元気『保育士・幼稚園教諭のための保護者支援－保育ソーシャルワークで学ぶ相談支援』(風鳴舎、2014年、72頁) をもとに作成

人と環境の関係を理解する視点

多くの悩みや、相談ごとには、子どもの相談という形をとりながら、その背景には育児を取り巻く環境や保護者自身が抱えている問題が影響していると考えられます。

保育ソーシャルワーカーには、アセスメントと呼ばれる問題の見立ての知識が必要です。つまり、その問題を抱えている人とその環境の関係を見ることで、問題の構造を理解することができます。人と環境とその相互作用（あるいはその接点）に着目して状況をとらえることはソーシャルワークの大切な視点であり、多くの保育場面で活かすことができます。

図表19-2　問題の相互作用と交互作用

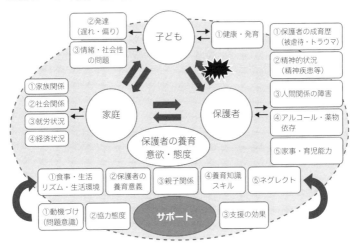

出典：金子恵美『増補　保育所における家庭支援－新保育所保育指針の理論と実践』
　　　（全国社会福祉協議会、2010年、100頁）を一部改変

ストレングスを見出し活用する

　ストレングスとは、人のもっている能力や力、強さのことをいいます。保育ソーシャルワーカーは、保護者の問題や課題に目を向けるのではなく、その人がもっているストレングスを見出さなくてはなりません。たとえば、保護者が「相談にくる」という行動は、今の状況をなんとかして解決したいという行動であり、保護者の強さとして認識することができます。

　また、保護者が困ったと感じている子どもの行動、保護者自身のことについて、肯定的な視点からとらえ直し、表現するというリフレーミングの知識が求められます。行動や関係などの意味を再変換するリフレーミングによって、保護者へのかかわりも大きく変わってきます。こうした知識を技術につなげ、保育ソーシャルワークの実践が展開されます。

図表19－2　リフレーミングの例

> 「子どもが毎日ぐずっていて、家事も何もかも進まず、イライラしています」
>
> 「お子さんは、お母さんのことが大好きでかまってもらいたいのですね、家事と育児の両立を頑張っていらっしゃるのですね」

参考文献 📖

笠師千恵・小橋明子『相談援助・保育相談支援』中山書店、2014年。
川村隆彦・倉内惠里子『保育者だからできるソーシャルワーク―子どもと家族に寄り添うための22のアプローチ』中央法規、2017年。

Q20 保育ソーシャルワーカーに求められる技術とはいかなるものですか？

ソーシャルワークにおける援助技術とは

福祉の専門職であるソーシャルワーカーが実践を行う場合の援助技術は図表20－1のように体系化されています。ソーシャルワーカーがどのような機関に所属し、どのようなクライエントを支援するかにより、用いる援助技術は異なります。

図表20－1　ソーシャルワークにおける援助技術

直接援助技術		間接援助技術		機関援助技術	
	ケースワーク（個人や家族を対象に援助を行うこと）		コミュニティワーク（地域を対象に援助を行うこと）		ネットワーク（他機関や他職種と連携をとること）
	グループワーク（小集団を対象に援助を行うこと）		ソーシャルワークリサーチ（社会福祉調査を行うこと）		ケアマネジメント（サービスの調整を行うこと）
			ソーシャルアドミニストレーション（福祉組織・機関の運営管理）		スーパービジョン（より良い援助をめざしてアドバイスを受けること）
			ソーシャルアクション（社会に向けてはたらきかけること）		カウンセリング（受容・共感的に話を聞くこと）
			ソーシャルプランニング（社会福祉計画をたてること）		コンサルテーション（他領域の専門職にアドバイスを受ける・行うこと）

75

保育ソーシャルワーカーに求められる援助技術とは

いっぽう、保育ソーシャルワーカーとして実践を行う人は、専門職であるソーシャルワーカーだけとは限りません。保育士、幼稚園教諭などの保育者や、心理や保健など隣接領域の従事者まで、様々な学問的背景を持つ人が実践者として想定されます。そのためソーシャルワークそのものではなく、「ソーシャルワークの知識と技術・技能を応用」した、いわばソーシャルワーク的支援も含まれます。求められる援助技術も、①広く対人援助者として必要なレベル、②保育者として必要なレベル、③保育ソーシャルワーカーとして必要なレベル、④専門職ソーシャルワーカーとして必要なレベル、等に応じて、段階的に異なります。(図表20－2参照)

図表20－2　多様な保育ソーシャルワーク実践と技術の関係

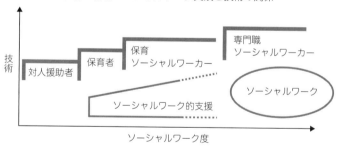

ソーシャルワークにおける援助技術の体系化を試みた奥田いさよは、ソーシャルワーク技能を基本的技能、専門技能に大別し、それらをさらに細かく分類しています。(図表20－3参照)

以下では、保育現場において保育者が実践を行う場面を想定し、個々の基本的技能について述べます。

①認知技能…ケースを発見し、子どもや保護者の状況を見極めるスキル

②統合技能…子どもや保護者に関する情報を組み立てるスキル

③関係技能…他者と良好な関係をとるため、自分を深く理解するスキル

④コミュニケーション技能…保護者や他機関と意思疎通がスムーズにできるスキル

⑤観察技能…気になるケースを発見したり、経過を見守るスキル

⑥専門的自己開発技能…自身の実践を意識して振り返る、専門性に基づいた援助を絶えず心がける、自己を向上させるスキル

⑦共感技能…保護者が分かち合ってほしいと思う情緒やメッセージを的確に、確実につかみとるスキル

図表20 - 3　ソーシャルワーク技能の分類

	概念を把握し、活用に結びつけるための技能	①認知技能
基本的技能		②統合技能
	対人関係にかかわる技能	③関係技能
		④コミュニケーション技能
		⑤観察技能
	専門職従事者としての自己形成のための技能	⑥専門的自己開発技能
		⑦共感技能

専門技能	介入活動を行ううえで必要な技能	①面接技能
		②契約技能
		③情報収集技能
		④相互作用技能
		⑤問題解決技能
		⑥援助システム操作技能
	介入や援助活動における評価および効果を高めるための技能	⑦事前評価技能
		⑧事後評価技能
		⑨調査技能
	その他	人材開発、組織化技能、援助計画開発技能、援助活動のための財源取得の技能など

※奥田 (1989) をもとに、筆者作成

まとめ

　本項では保育ソーシャルワーカーとして必要な技術や技能について述べました。新卒職員のようなキャリアが浅い時期は、少しでも良い援助ができるようになりたいとの一心から、ハウツー (how to) を求め、スキル (技能) やテクニック (技巧) に目を向けがちになる傾向も一部に見られます。しかし「倫理」や「知識」がしっかりと身についてこそ、「技術」が活かせることを、ぜひ心に留めて下さい。

　いっぽうで経験が蓄積されてくればくるほど、本項で述べてきた技能と実践を照らし合わせ、自らの実践が専門性に基づいたも

のであるかどうかをチェックすることが大切になってきます。その振り返りの積み重ねが、将来的に「保育の専門性を活かした」保育ソーシャルワーク援助技術の確立、体系化につながっていきます。

参考文献 📖

伊藤良高・永野典詞・中谷彪編『保育ソーシャルワークのフロンティア』晃洋書房，2011年。

奥田いさよ「ソーシャルワークの技能—ソーシャルワークにおける援助技術の体系化をめざして—」『ソーシャルワ-ク研究』、15巻1号、1989年。

Q21 保育ソーシャルワーカーに求められる倫理とはいかなるものですか？

専門職としての倫理とは

　専門職としての倫理（専門職倫理）は、専門職に求められる行動規範であり、専門職として正しい・望ましい行動の指針です。

　専門職は、その専門性に基づく高度な知識と技術を持てばよいと思われがちです。しかし、専門職の仕事が他者の尊厳、命、生活や人生に大きな影響を与えるため、専門職倫理も求められます。そのため、専門職には、その専門的知識や技術を、何のために、どのような基準で、どのように用いるのか、が問われることになります。これを明らかにしているのが、専門職倫理です。

専門職の倫理綱領とは

　専門職の団体が独自の倫理綱領を有することは、専門職の要件の1つです。倫理綱領とは専門的倫理を明文化したものであり、専門職が守るべき事項を示しています。

　保育者にかかわる倫理綱領には、「全国保育士会倫理綱領」があります。図表21－1のように、子どもの最善の利益の尊重、子どもの発達保障、保護者との協力など、8項目が示されています。

ソーシャルワーカーにかかわる倫理綱領には、「社会福祉士の倫理綱領」があります。この倫理綱領では、利用者に対する倫理責任、実践現場における倫理責任など、4領域の倫理責任が示されています。例えば、利用者に対する倫理的責任は12項目あり、その1つに「（利用者との関係）社会福祉士は、利用者との専門的援助関係を最も大切にし、それを自己の利益のために利用しない」が示されています。

図表21－1　社会福祉士の倫理と保育士の倫理

社会福祉士の倫理綱領	
①利用者に対する倫理責任	
・利用者との関係	・利用者の利益の最優先
・受容	・説明責任
・利用者の自己決定の尊重	・利用者の意思決定能力への対応
・プライバシーの尊重	・秘密の保持
・記録の開示	・情報の共有
・性的差別・虐待の禁止	・権利侵害の防止
②実践現場における倫理責任	
・最良の実践を行う責務	・他の専門職等との連携・協働
・実践現場と綱領の遵守	・業務改善の推進
③社会に対する倫理責任	
・ソーシャル・インクルージョン	・社会への働きかけ
・国際社会への働きかけ	
④専門職としての倫理責任	
・専門職の啓発	・信用失墜行為の禁止
・社会的信用の保持	・専門職の擁護
・専門性の向上	・教育・訓練・管理における責務
・調査・研究	

全国保育士会倫理綱領	
①子どもの最善の利益の尊重	⑤チームワークと自己評価
②子どもの発達保障	⑥利用者の代弁
③保護者との協力	⑦地域の子育て支援
④プライバシーの保護	⑧専門職としての責務

保育ソーシャルワーカーに求められる倫理

　保育ソーシャルワーカーは、「全国保育士会倫理綱領」や「社会福祉士の倫理綱領」を遵守すればよいでしょう。とはいえ、ひとまず暫定的に保育ソーシャルワーカーの倫理を示します。これは、両倫理綱領に示される倫理のうち、特に保育ソーシャルワーカーにとって重要なものを7項目抽出したものです。

　①子どもの最善の利益を尊重する。

　②子どもや保護者の福祉に寄与する。

　③子どもや保護者の自己決定を尊重する。

　④子どもや保護者のプラバシーを尊重し、守秘義務を遵守する。

　⑤地域や社会で子どもを育てる環境づくりに努める。

　⑥同僚や他職種に敬意を払い、連携・協働する。

　⑦自らの専門性の向上に努める。

参考文献 📖

柏女霊峰監修、全国保育士会編『全国保育士会倫理綱領ガイドブック』全国社会福祉協議会、2004年。

日本社会福祉士会編『改訂　社会福祉士の倫理−倫理綱領実践ハンドブック』中央法規、2007年。

6 保育ソーシャルワーカーの資格認定 —内容と要件—

Q22 日本保育ソーシャルワーク学会とはどのような団体ですか？

学会創立の背景とその意義

　日本保育ソーシャルワーク学会（Japan Association of Research on Child Care Social Work 略称：JARCCSW）は、2013年11月30日に創設された新しい学会です。近年における子どもと子育て家庭を取り巻く環境の変化のなかで、1990年代後半以降、保育学界及びソーシャルワーク学界において、保護者に対する支援（子育て支援）を保育施設・保育者の新たな役割・機能として位置づける保育ソーシャルワーク論が積極的に展開され始め、その理論と実践の組織化と体系化を求める声が高まりました。そうしたなか、保育ソーシャルワークのさらなる発展をめざし、保育ソーシャルワークに関する研究、実践および新たな人材の育成を図るため、専門的な学会を立ち上げようとする機運が2013年春頃から、九州地方を起点に全国的に沸き起こったことが、学会創立の背景となっています。

　日本保育ソーシャルワーク学会創立の意義について、学会広報

委員会『学会ニュース（創刊号）』（2014年2月）によれば、一地方からの発信となる全国学会の誕生のほか、高度に専門的な保育ソーシャルワークの研究・交流の促進や保育ソーシャルワークに関する中堅・若手研究者及び実践者の育成が挙げられています（伊藤良高「〈巻頭言〉学会創立にあたって」日本保育ソーシャルワーク学会広報委員会『学会ニュース（創刊号）』2014年2月）。

　近年、保育ソーシャルワークを専攻する研究者や保育ソーシャルワーク実践を意識する保育者の数も増えつつあり、また、関連する学術図書やテキスト類も一定程度出版されている状況にあって、保育とソーシャルワークの統一を志向する保育ソーシャルワークを専門に考究する本学会は、保育学界およびソーシャルワーク学界双方にとって、待ちに待った学会として大きな期待が寄せられています。

学会の目的と主な事業内容

　日本保育ソーシャルワーク学会会則（2013年11月）によれば、その目的として、「保育ソーシャルワークの発展を期し、保育ソーシャルワークに関する研究及び交流を図り、もって、子どもと家庭の幸福の実現に資すること」（第3条）が掲げられています。そして、上記の目的を達成するため、その事業として、「保育ソーシャルワーク研究者・実践者相互の連絡と協力、研究発表、内外の関係学会との交流、その他」（第4条）に取り組むことと定められています。学会の会員は、「保育ソーシャルワークの

研究又は実践に従事する者及びそれらについて関心を持ち、本学会の目的に賛同する者」（第5条）で構成され、その種類としては、「正会員、学生会員、機関会員、賛助会員、名誉会長及び名誉会員」（第6条）の6種となっています。

　学会がこれまでに取り組んできた主な事業として、研究大会の開催（年1回。2014年〜）をはじめ、機関誌の発行（年1回。2014年〜）、「学会ニュース」の発行（年3回。2014年〜）、「会員名簿」の作成（2014年〜）、研究助成の実施（2015年〜）、学会設立記念出版の刊行（日本保育ソーシャルワーク学会編『保育ソーシャルワークの世界—理論と実践—』晃洋書房、2014年）、学会認定資格「保育ソーシャルワーカー」養成研修の実施（2016年〜）、同研修のテキスト作成（上記学会設立記念出版及び本書）、学会創立5周年記念出版の企画（日本保育ソーシャルワーク学会編『保育ソーシャルワーク学研究叢書〈全3巻〉』晃洋書房、2018年刊行予定）などが挙げられます。保育ソーシャルワークの研究・実践に係る人材育成や学会刊行物の出版を中心に、先進的かつ精力的な事業展開に努めています。

今後の展望と課題

　学会確立期にあるともいえる日本保育ソーシャルワーク学会ですが、今後、そのさらなる発展をめざして、委員会活動の拡充や学会支部の設置、内外の関係学会との交流促進、さらには一般社団法人化などについて取り組んでいます。

さまざまな生活課題を抱える子どもやその保護者に支援すること
です。これは保育施設や地域の子育て支援活動・事業において、
保育ソーシャルワークの援助理念として大切にされる、子どもと
保護者の育ちをトータルに支援するという視点に立ち、保護者に
対する保育指導や子どもの保育に対する相談・助言、情報提供、
関係機関・関係者との連携することや、保育者に対するスーパー
ビジョンや保育実践への支援を行うことを意味しています。これ
らの保育ソーシャルワークを用いた援助を展開させるためには、
保育およびソーシャルワークに関しての理解を深めるとともに、
専門職として保育現場での支援経験の積み上げと研鑽が重要で
す。

学会認定資格としての位置づけ

日本保育ソーシャルワーク学会では、保育ソーシャルワークの
専門性を高め、そのスキル（技量）を理論的・実践的に構築させ
るために学会の認定資格として保育ソーシャルワーカーの養成を
進めています。なお、保育ソーシャルワーカー認定資格は日本保
育ソーシャルワーク学会が認定する民間資格であり、現時点では
業務独占（その業務を遂行するために必須とする免許・資格）や
名称独占（その資格を保持していなければ名乗ることができない
資格等）に位置づく資格ではありません。つまり保育現場で保育
ソーシャルワークとして定義される援助活動を展開する過程にお
いて、本認定資格を取得していないと援助活動してはいけないと

いう資格ではありません。そのいっぽうで保育現場に寄せられる相談には、子どもの成長や発達に対する課題だけでなく、親子関係などの家族に関する課題、保護者の経済的課題や就労に関する内容、家庭と地域の関係性に関する課題など幅広い内容が存在しています。これらの課題解決を図るには保育に関する知識を用いるだけではなく、子どもやその保護者の生活全体を捉えたうえで、より専門的な知識や技術を用いて支援することが必要となります。そのことからも、子どもや子育てなど保育に関する知識・技術と、ソーシャルワークを組み合わせた支援展開が求められています。

学会認定資格の取得のメリット

　日本保育ソーシャルワーク学会では、初級・中級・上級の保育ソーシャルワーカー認定資格制度を設けています。これらの認定資格を取得するためには、定められたカリキュラムに基づいた学修や現場経験、また基礎資格などが必要です。これらの認定資格の上位資格をめざすことにより、保育およびソーシャルワークのそれぞれの援助スキル（技量）の獲得を図ることが期待されます。

　また、初級以外の中級、上級資格には更新制度を設けています。更新制度を設ける理由として、資格取得をゴールとするのではなく、日々の保育の支援活動に必要なスキル（技量）を高めていくためと言えます。更新時研修ではスーパービジョンなどにより日頃の保育実践をふりかえることや、支援展開に必要な社会状

況や援助理論の学修などを通して、保育ソーシャルワーカーとしてのスキルアップを図ることができるようにプログラムが設定されています。

このほか学会認定資格を取得するメリットとして、学会からの情報提供や有資格者間のネットワーク形成をはじめとしたフォローアップも行うことができます。

参考文献

日本保育ソーシャルワーク学会編『保育ソーシャルワークの世界―理論と実践』晃洋書房、2014年。

Q24 初級保育ソーシャルワーカーにはどうすればなれますか？

初級保育ソーシャルワーカーとは

　日本保育ソーシャルワーク学会認定資格「保育ソーシャルワーカー」には、３つの等級（初級、中級、上級）があります。そのうち、初級レベルが、「初級保育ソーシャルワーカー」ということになります。つまり、それは、保育ソーシャルワーカーとしてのファーストステップにあたります。

　学会では、初級保育ソーシャルワーカーを「保育ソーシャルワークに関する基本的な専門的知識・技術を有する保育ソーシャルワーカー」と規定しています。この初級保育ソーシャルワーカーになるためには、学会が開催する「初級保育ソーシャルワーカー養成研修」（以下、「講座」と呼びます。）を受講または基礎資格により、学会から資格認定を受けることが必要となります。受講資格及び資格認定の要件については、図表24－１のようになっています。すなわち、

①学会入会は問われません。
②第１グループ及び第２グループは、講座の受講なしに資格認定がなされます１）。ただし、第２グループについては別途２）、研究業績等を勘案した資格認定の規定が設けられてい

ます。

③第3グループ、第4グループ及び第5グループは、講座の受講が必要となります。講座修了時に、修了レポートの提出が求められます。

④更新の必要はありません。受講料と登録料、または申請料と登録料を納めることで、永久資格とみなされます。

⑤中級保育ソーシャルワーカーへのステップアップのためには、学会入会と講座受講が求められます。

図表24-1　受講資格及び資格認定の要件

グループ	要件	養成研修	学会入会	更新
第1G	①保育士または幼稚園教諭＋②社会福祉士または精神保健福祉士	不要	学会入会は問わない	更新はなし
第2G	①保育、教育、社会福祉、医療系等大学院修士以上修了者、②大学（短期大学・専門学校を含む）において、保育士養成課程科目、幼稚園教諭養成課程科目、社会福祉士養成課程科目、精神保健福祉士養成課程科目のいずれかを担当する教員（過去にこれらの教育経験がある者を含む）	不要		
第3G	保育士、幼稚園教諭、社会福祉士、精神保健福祉士、臨床心理士、臨床発達心理士、精神科医、保健師、看護師（准看護師）のいずれかの免許・資格を有する者	要		

第4G	第3G以外で、学会資格認定委員会及び理事会で認められた資格・免許及び職種。例：介護福祉士、介護支援専門員、小学校・中学校・高校教諭、養護教諭、特別支援学校教諭、児童福祉施設職員（ライセンスなし）	要	
第5G	①保育ソーシャルワークに高い関心がある者（例；子育て中の親など）、②保育ソーシャルワークに高い関心がある学生（大学・短期大学・専門学校等）	要	

初級保育ソーシャルワーカー養成研修の内容

　初級保育ソーシャルワーカー養成研修の内容は、およそ、以下の通りです（2017年度現在）。

（1）科目名

　①保育ソーシャルワーク論Ⅰ（総論）

　②保育ソーシャルワーク論Ⅱ（基本的技術）＊1

　③保育ソーシャルワーク論Ⅲ（保育ソーシャルワーカー論）

　④子どもの権利と権利擁護

　⑤保護者・子育て支援概論

　⑥保育学概論＊2

　⑦保育ソーシャルワーク演習Ⅰ

　⑧保育ソーシャルワーク演習Ⅱ

＊1　社会福祉士資格又は精神保健福祉士資格の保有者は、科目免除。
＊2　保育士資格又は幼稚園教諭免許状保有者は、科目免除。

（2）時間数

○1科目につき、1.5時間（8科目で、12時間）

○1日につき、4科目。通算、2日間

なお、研修にあっては、本書のほか、日本保育ソーシャルワーク学会編『保育ソーシャルワークの世界―理論と実践―』（晃洋書房、2014年）などが必須テキストとして使用されています。

初級保育ソーシャルワーカーのこれから

初級保育ソーシャルワーカーとして認定された後は、さらに、セカンドステップである中級保育ソーシャルワーカー資格取得への道が開かれています（詳細については、Q25を参照）。

初級保育ソーシャルワーカーとして、保育現場及び地域社会における保育ソーシャルワークの充実・発展への貢献が期待されます。

注： 1）学会指定の様式による書類申請、認定、登録というかたちとなります。
　　 2）認定要件は、①大学院（保育、教育、社会福祉、医療等領域）修了（修士学位取得）及び保育ソーシャルワーク関連の研究業績3編以上、または、②保育士養成校等における教育経験3年以上及び保育ソーシャルワーク関連の研究業績3編以上、となっています（2017年現在）。

参考文献

伊藤良高・永野典詞・中谷彪編『保育ソーシャルワークのフロンティア』晃洋書房、2011年。
日本保育ソーシャルワーク学会編『保育ソーシャルワークの世界―理論と実践―』晃洋書房、2014年。

Q25 中級保育ソーシャルワーカーにはどうすればなれますか？

中級保育ソーシャルワーカーとは

　本学会では、中級保育ソーシャルワーカーを「保育ソーシャルワークに関する高度な専門的知識・技術を有する保育ソーシャルワーカー」と定義しています。また、保育ソーシャルワーク実践だけでなく初級保育ソーシャルワーカーや保育者の教育・育成ができることも求められています。

　なお、学会資格認定委員会では、「保育ソーシャルワーカー」を「保育ソーシャルワークに関する専門的知識及び技術をもって、特別な配慮を必要とする子どもと保護者に対する支援をつかさどる者」と定義づけ、保育所・幼稚園・認定こども園等保育施設およびその類似施設において、あるいは地域の子育て支援事業・活動において保育ソーシャルワーク実践・支援の中心的かつ専門的な役割を担う人材、専門職として位置づけています。

中級保育ソーシャルワーカーになるためには

　「中級保育ソーシャルワーカー」になるためには、以下の必要条件といくつかの手続が必要です。「日本保育ソーシャルワーク学会ホームページ」および「認定の手続き」では次のように説明し

ています。

　なお、中級保育ソーシャルワーカーにおいては認定手続きの申請までに、学会への入会が必要です。

中級保育ソーシャルワーカーになるための2つの方法

　中級保育ソーシャルワーカーになるには2つの方法があります。

1. 中級保育ソーシャルワーカー養成研修を受講し申請をする方法です。学会が主催する講座（中級保育ソーシャルワーカー養成研修）を受講し、修了レポートの合格、かつ、学会資格認定委員会での審査を経て、一定の要件を満たした者に認定されるというものです。学会入会が必要です。

　　（ア）「養成研修における申請グループと要件」（図表25－1参照）

　　　　①第1グループ、第2グループは上記研修及び書類申請でも取得可能です。また、第3グループは上記研修を受講することができます。

　　　　②なお、現在のところ、第4グループ及び第5グループは上記研修を受講できません。

2. 書類申請です。上記研修を受講せずに、学会から求められる必要書類を準備して申請し、学会資格認定委員会の審査を経て、一定の要件を満たした者に認定されるというものです。

　　（ア）「書類申請における申請グループと要件」（図表25－1

参照)

①第１グループと第２グループの要件を満たしている場合は、書類申請が可能です。

②第３グループは研修を受講する必要があります。

（イ）書類申請の必要書類とは以下のとおりです。

①学位記写し、業績。なお「業績」とは、著書および論文（原著論文、総説、研究ノート）を指す。論文については、査読付きであるか否かは問わない。また、学会発表は含まない。「保育ソーシャルワーク関連」とは、保育またはソーシャルワークの領域を指す。

②申請の際には、（1）著書、論文についての概要（200字程度）、（2）当該著書、論文の抜き刷りまたはコピー、を提出するものとする。なお、博士学位論文、修士学位論文および著書（単著）にあって、大部の場合は、その一部分（たとえば、１つの章）で可とする。

このように、中級保育ソーシャルワーカーになるには、①中級保育ソーシャルワーカー養成研修を受講し申請をする方法と②一定の条件を満たしている方の書類申請による方法の２つがあります。

なお、①、②双方ともに、初級保育ソーシャルワーカーの認定を受けなくても、中級保育ソーシャルワーカー認定資格の申請が可能です。あるいは、初級・中級保育ソーシャルワーカーのダブルでの認定資格申請も可能となります。

図表25－1　申請グループと要件

グループ	要　件
第1グループ[*1]	①保育士または幼稚園教諭＋②社会福祉士または精神保健福祉士
第2グループ[*2]	①保育、教育、社会福祉、医療系等大学院修士以上修了者
	②大学（短期大学、専門学校を含む）において、保育士養成課程科目、幼稚園教諭養成課程科目、社会福祉士養成課程科目、精神保健福祉士養成課程科目のいずれかを担当する教員（過去にこれらの教育経験がある者を含む）
第3グループ	保育士、幼稚園教諭、社会福祉士、精神保健福祉士、臨床心理士、臨床発達心理士、精神科医、保健師、看護師（准看護師）のいずれかの免許・資格を有する者
第4グループ	第3グループ以外で、学会資格認定委員会及び理事会で認められた資格・免許及び職種。例：介護福祉士、介護支援専門員、小学校・中学校・高校教諭、養護教諭、特別支援学校教諭、児童福祉施設職員（ライセンスなし）
第5グループ	①保育ソーシャルワークに高い関心がある者（例：子育て中の親など）
	②保育ソーシャルワークに高い関心がある学生（大学、短期大学、専門学校等）

＊1　保育士資格または幼稚園教諭免許状＋社会福祉士資格または精神保健福祉士資格取得者。

＊2　①大学院修了者（博士号取得者。なお、保育、教育、社会福祉、医療系等の領域とする）。＋保育ソーシャルワーク関連の業績5編以上。②教育経験5年以上＋保育ソーシャルワーク関連の業績6編

参考文献

1　学会ホームページ
2　資格認定委員会「認定の手続」

Q26 上級保育ソーシャルワーカーにはどうすればなれますか？

保育ソーシャルワーカー

　保育ソーシャルワーク学会が認定する資格として保育ソーシャルワーカーがあります。この保育ソーシャルワーカー資格には、初級、中級、上級の３つの資格が設けられています。すでに初級、中級の資格についての説明はされていますので、これを踏まえてここでは上級保育ソーシャルワーカー資格について説明したいと思います。

上級保育ソーシャルワーカー取得のための要件

　上級保育ソーシャルワーカーをめざす場合には以下の要件Ａと要件Ｂの両方を満たすことが必要になります。

【要件Ａ】
・第１グループ：中級保育ソーシャルワーカー取得後、実務経験
　　　　　　　　２年以上
・第２グループ：中級保育ソーシャルワーカー取得後、実務経験
　　　　　　　　２年以上
・第３グループ：中級保育ソーシャルワーカー取得後、実務経験
　　　　　　　　３年以上

【要件B】

・資格認定のための評価ポイントを中級保育ソーシャルワーカー取得後、20ポイント以上取得する。ただし、1-(1)はその限りではない。

→「中級保育ソーシャルワーカー取得後からの経験年数ではない」という意味です。例えば、中級保育ソーシャルワーカー取得後、経験年数20年以上をもって5ポイントではなく、取得前の経験年数もカウントされるということです。

表　上級保育ソーシャルワーカー資格認定のための評価ポイント

1. 実務経験歴（保育およびソーシャルワークに関するもの）		
(1)合計経験年数	①20年以上	5
	②15年以上〜	4
	③10年以上〜	3
	④5年以上〜	2
	⑤3年以上〜	1
(2)実践報告[1]	①1本につき	3
2.研修受講歴（保育およびソーシャルワークに関するもの）		
①日本保育ソーシャルワーク学会研究大会に参加		2
②関連領域学会研究大会に参加		1
3. 研究歴（保育およびソーシャルワークに関するもの）		
①著書（単著）		5
②学術論文（単著）[2]、著書（1章分を単独で執筆）		4
③日本保育ソーシャルワーク学会研究大会において発表、講師、シンポジスト		4
④学術論文（共著）[2]、著書（1章分を共同で執筆）		3
⑤日本保育ソーシャルワーク学会研究大会において研修会企画運営、司会、座長等		2
⑥関連領域学会研究大会において発表、講師、シンポジスト		2
⑦関連領域学会研究大会において研修会企画運営、司会、座長等		1

4. 講座講師歴・スーパーバイザー・コンサルテーション歴（保育および ソーシャルワークに関するもの・職業歴以外）		
合計担当数	①25回以上	5
	②20回以上〜25回未満	4
	③15回以上〜20回未満	3
	④10回以上〜15回未満	2
	⑤5回以上〜10回未満	1

＊1：学会指定の様式に従って記載する
＊2：査読の有無は問わない。原著論文、総説、研究ノート等

実務経験の考え方については以下によります。

・職場；保育士、幼稚園教諭、社会福祉士、精神保健福祉士が
　　　　勤務できる場
・職種；保育士、幼稚園教諭、保育教諭、上記職場で相談業務
　　　　にかかわる者（社会福祉士、精神保健福祉士の資格保
　　　　有は問わず）

具体的例示としては、

・保育所など児童福祉施設において保育士として勤務
・幼稚園において幼稚園教諭として勤務
・福祉事務所、児童相談所、家庭児童相談室などにおいて相談
　業務に携わる者として勤務
・社会福祉施設において相談業務に携わる者として勤務

なお、他に職場としては保育児童が利用する医療機関等、保育
士、社会福祉士等養成機関等、職種として医師や公認心理師や臨
床心理士等を実務経験としていくのかの検討が行われています。

参考文献 📖

日本保育ソーシャルワーク学会編『保育ソーシャルワークの世界—理論と実践—』晃洋書房、2014年。
伊藤良高、永野典詞、中谷彪編『保育ソーシャルワークのフロンティア』晃洋書房、2011年。

7 保育ソーシャルワーカーをめぐる今後の課題

Q27 保育ソーシャルワークの理論と実践をめぐる課題は何ですか？

保育の一般化と保育ニーズの多様化

2016年に児童福祉法が大幅改正となりました。その理念を確認するために、児童福祉の基本的な論拠を示す「第1章　総則」を以下に引用します。

第1章　総則

第1条　全て児童は、児童の権利に関する条約の精神にのつとり、適切に養育されること、その生活を保障されること、愛され、保護されること、その心身の健やかな成長及び発達並びにその自立が図られることその他の福祉を等しく保障される権利を有する。

第2条　全て国民は、児童が良好な環境において生まれ、かつ、社会のあらゆる分野において、児童の年齢及び発達の程度に応じて、その意見が尊重され、その最善の利益が優先して考慮され、心身ともに健やかに

育成されるよう努めなければならない。

　②児童の保護者は、児童を心身ともに健やかに育成

　　することについて第一義的責任を負う。

　③国及び地方公共団体は、児童の保護者とともに、

　　児童を心身ともに健やかに育成する責任を負う。

第3条　前2条に規定するところは、児童の福祉を保障する

　　ための原理であり、この原理は、すべて児童に関す

　　る法令の施行にあたつて、常に尊重されなければな

　　らない。

　この大幅修正は、2015年よりスタートした、子ども・子育て支援新制度とも深く関連しています。少子化のなか、地域のすべての子どもを一緒に育てていこう、すべての子育て家庭を支援していこうという方向性がその前提にあります。つまり、今日、保育の一般化が進み、多様な家庭のそれぞれの必要性に応じた子育て支援の普遍化がすすめられています。現在の保育や子育て支援は、選択と集中による支援から、一般化した支援へと移行しています。そのようななかで、対象が広がり、また、多様で複雑な子どもと子育て家庭の状態に、実践的に対応するには、これまでとはまた異なった枠組みや方法が必要となってきており、課題となっています。

保育ソーシャルワークの場と担い手

　新しい時代の児童福祉の理念を具現化する実践の担い手に必要

とされる資質や専門性が、現在まだ整理されていない状況にあるようです。「保育所保育指針」や「幼保連携型認定こども園教育・保育要領」では、子どもの福祉の理念の具現化を図る保育士・保育教諭の機能として、ケア・ワークとしての保育所保育（ケア機能）、次世代育成としての乳幼児の教育（教育機能）、園児の保護者や地域の子育て支援（子育て支援機能）が位置付けられています。特に子育て支援機能については、旧「保育所保育指針解説書」（2008）ではありますが、ここでは、「ソーシャルワークの原理（態度）、知識、技術等への理解を深めたうえで、援助を展開することが必要」と記されています。

　子ども理解に最もたけていると考えられる、ケアと教育の専門職である保育士等保育者が地域の子育て支援をおこなうことは理想的であると考えます。しかし、実際には、対象が広く、また多様である点から、ケアと教育のスペシャリストである保育者が、地域の多様な人々の生活を他の多様な専門職と連携しながら支援するジェネラリスト（総合、統合援助者）としての機能を同時に果たすことは、大変な部分もあるといえるでしょう。

　子ども・子育て支援新制度では、「地域子ども・子育て支援事業」として「利用者支援事業」が新設されました。そこでは、「子育て支援員」がその役割を担うことになりました。

　保育ソーシャルワークの実践について、現在、その担い手についての議論が展開されています。研修やそれと融合した、保育士の高度専門職化を図るのか、あるいは、社会福祉士や、子育て支援員を保育施設や子育て支援施設に配置していくのか、等。ま

た、保育士や、社会福祉士、子育て支援員の位置づけや関係性はどうなるのかなどについても、議論がなされています。

子どもの最善の利益を確保するために

　子どもの「心身の健やかな成長及び発達並びにその自立が図られることその他の福祉を等しく保障される権利」を保障するという理想を実現するためには、その場はどこでなされるのか、その担い手が誰であるべきなのかが、現在議論されています。もちろん、場や人を限定する必要はないかもしれません。しかし、その発展には、必要とされる知識や技術を修得した専門職による事業の展開が求められることは間違いないでしょう。子どもの最善の利益を考慮し、子どもが心身ともに健やかに育成されるためには、保育の質の維持・向上と子育て支援のさらなる発展が不可欠です。理論が理想にとどまらず、議論しながら、また、試行錯誤しながら、実践へと具現化し、その評価と改善が繰り返されながら、進められていくことが大切であると考えます。

参考文献 📖

日本保育ソーシャルワーク学会編『保育ソーシャルワークの世界－理論と実践－』晃洋書房、2014年。
無藤隆・北野幸子・矢藤誠慈郎『増補改訂版　認定こども園の時代』ひかりのくに、2015年。

Q28 保育ソーシャルワーカーの養成と研修をめぐる課題は何ですか？

背景となる資格の多様性

保育ソーシャルワーカーの資格については、日本保育ソーシャルワーク学会が、学会認定資格をつくっています。同学会は、保育ソーシャルワーカーを「保育ソーシャルワークに関する専門的知識及び技術をもって、特別な配慮を必要とする子どもと保護者に対する支援をつかさどる者」と定義づけています（https://jarccre.jimdo.com/参照）。

保育ソーシャルワーカーの背景となる資格について考えてみましょう。社会福祉の分野の国家資格には、保育士と、社会福祉士、精神保健福祉士、介護福祉士があります。このうち、保育士と社会福祉士の資格が保育ソーシャルワーカーの背景となる基礎資格といえるでしょう。

保育に携わる専門職としては、保育士に加えて、学校教育の担い手である幼稚園教諭もあります。幼保連携型認定こども園では、保育士国家資格と幼稚園教諭の免許の両方を持っていることが必要とされており、幼保連携型認定こども園で働く保育者のことを、呼称として「保育教諭」といいます。「地域子ども・子育て支援事業」では、「子育て支援員」の養成制度がスタートしています。「子育て支援員」は認定制度で、全国共通の20－25時間程

度の研修により認定される資格です。

　社会福祉士、保育士、幼稚園教諭の養成について目を向けると、保育士と幼稚園教諭の養成は、現在約8割が両者を同時に養成しています。社会福祉士の国家試験の受験資格を取ることができる学校において同時に保育士を養成しているところもあります。保育士は一定の条件を満たした場合、試験で資格を取得することも可能です。

　幼稚園教諭については、専修（大学院）、1種（4年制）、2種（2年制）と免許の階層化が図られていますが、社会福祉士と保育士の資格は、階層化が図られていません。

　保育ソーシャルワーカーの背景となる資格は多様で、養成の長さや必要とされる単位数が異なります。また、階層化による高度化が図られている免許とそうではない場合との違いもあります。このため、保育ソーシャルワーカーの養成や研修が複雑にならざるを得ないという課題があります。

資格認定制度の整備から、資格のプレゼンスの確立へ

　保育ソーシャルワーカーの養成や研修は、現在その独自性が十分に確立していないという課題があります。日本保育ソーシャルワーク学会による認定資格はまだできたばかりです。まずは、その等級や内容が整備されました。また申請要件については、5つのグループ（タイプ）が示され、それにより内容が独自に設定されるなどの工夫が施されています。加えて、養成研修の受講資格

と資格認定の要件が整備されました。

　保育ソーシャルワーカーの資格認定制度の整備が進められて、さらに定着することにより、その存在意義や価値といったプレゼンス（存在意義）を確立することが今後の課題であると考えます。現在では、保育施設や地域子育て支援関係施設で、そこで働くうえで必要とされている資格は有しているが、社会福祉士の資格はもっておらず、ソーシャルワークを研修などで学びその知見を発揮して仕事をしている人、そこで働くうえで必要とされている資格、例えば、保育士資格や幼稚園教諭免許を持っていないが、社会福祉士の資格を有し、保育や子育て支援のことを学びながらその仕事にたずさわっている人、いずれの資格も持っていないが子育て支援の仕事に携わっている人など様々な状況があります。

　資格を持っている人の知識や、技術、実践力（判断力と応用力）がより明示され、加えて、その資格を持っている人にしか任すことができない業務の内容が規定され、さらには、その資格を有し、その資格に応じた業務を任されている人への処遇が保障されることといったシステムの整備が必要であると考えます。資格と業務内容そして処遇がセットになって初めて、その社会的な位置づけが明確になると思われます。

参考文献 📖

柏女霊峰・橋本真紀『保育相談支援（新・プリマーズ 保育）』ミネルヴァ書房、2016年。
保育教諭養成課程研究会『幼稚園教諭・保育教諭のための研修ガイド−質の高い教育・保育の実現のために−』保育教諭養成課程研究会、2014年。

Q29 保育者（保育士・幼稚園教諭等）は、今後、ソーシャルワークにどう向き合っていくべきですか？

子育て課題とソーシャルワーク

保育者は、保護者との日々のかかわりに加えて、保護者の抱える幅広い子育て課題に対応します。そして、深刻な課題ほどその背景に、子育て以外の生活上の困難（夫婦不和、貧困、疾病、障がい、介護など）を保護者が抱えていることが増えています。また、保育者は地域子育て支援にもかかわります。

保育者はソーシャルワーカーではありませんので、ソーシャルワーカーと同レベルのソーシャルワークを習得する必要はありません。ただ、前述したように様々な子育て課題にかかわるため、ソーシャルワークに関する知識や技術の理解と習得が求められます。

保育所保育指針とソーシャルワーク

ここでは主に保育所保育指針を例に、保育者にとってのソーシャルワークの大切さを述べます。

新しい保育所保育指針の「第4章　子育て支援」の「1－(1)保育所の特性を生かした子育て支援」のアでは以下のように示されています。

111

> ア 保護者に対する子育て支援を行う際には、各地域や家庭の実態等を踏まえるとともに、保護者の気持ちを受け止め、相互の信頼関係を基本に、保護者の自己決定を尊重すること。

「家庭の実態等を踏まえる」ためには、保護者の背景を理解する必要がありますが、そのためにはソーシャルワークの基本的視点である、生態学的視点（エコロジカル・パースペクティブ）が求められます（Q19参照）。また、「気持ちを受け止め」「自己決定の尊重」は、バイステックの7原則にも示されるようにソーシャルワークの原則でもあります（Q19参照）。

同じく「第4章 子育て支援」の2-(2) は、「保護者の状況に配慮した個別の支援」と示されています。個別の支援においては、前述した基本的視点やバイステックの7原則に加えて、基本的な相談面接技術や、情報の収集や分析のためのアセスメント技術が必要とされます。これらはソーシャルワークにおける相談援助機能の知識が役立つでしょう。

また、「2-(2) 保護者の状況に配慮した個別の支援」のイでは以下のように示されています。

> イ 子どもに障害や発達上の課題が見られる場合には、市町村や関係機関と連携及び協力を図りつつ、保護者に対する個別の支援を行うよう努めること。

「市町村や関係機関との連携」とありますが、第4章において
は、不適切な養育が疑われる家庭への支援や地域子育て支援にお
いても言及されています。連携は、ソーシャルワークの機能の1
つです（Q12参照）。連携の実務の多くを担うのは施設長などの
管理職です。いっぽうで、担任保育士が実際に連携業務を担う機
会は少ないでしょう。しかし、基本的な知識として理解すること
は重要です。

自己研鑽とソーシャルワーク

これまで述べたことは、保育士養成課程における「相談援助」
や「保育相談支援」、「家庭支援論」の子育て支援に直接的にかか
わる科目で学習することになります。しかし、一朝一夕にソー
シャルワークの視点や技術などを習得するのは困難であるため、
就職後も園内研修や園外研修などを通して、ソーシャルワークを
学ぶ機会をつくることが求められます。

参考文献 📖

厚生労働省「保育所保育指針」（厚生労働省告示第117号。2017年3月31
日）

Q30 ソーシャルワーカーは、今後、保育にどう向き合っていくべきですか?

保育におけるソーシャルワーク

2008年4月 厚生労働省雇用均等・児童家庭局保育課により3度目の改定として告示された保育所保育指針の解説書の「第6章 保護者に対する支援」では「保育士等の業務であり、その専門性を生かした子育て支援の役割は、特に重要なものである」と記されています。

また、保護者支援の原則については、「児童福祉法第18条の4は、『この法律で、保育士とは、第18条の18第1項の登録を受け、保育士の名称を用いて、専門的知識及び技術を持って、児童の保育及び児童の保護者に対する保育に関する指導を行うことを業とする者をいう。』と定めています。保育士の重要な専門性の1つは保育であり、2つは児童の保護者に対する保育に関する指導(以下「保育指導」という。)です」と記されています。

保育所ではややもすると児童の保育にばかり着目した業務が行われていることはないのでしょうか。児童の保育という業務と保護者支援は一体であるという意識と実践が望まれます。この保護者支援にこそソーシャルワークの必要性があるのです。

保育所における保護者に対する支援の基本

　前述の保育所保育指針解説書の「保育所における保護者に対する支援の基本」の項では、「相談・助言におけるソーシャルワークの機能」として、保育所においては、子育て等に関する相談や助言など、子育て支援のため、保育士や他の専門性を有する職員が相応にソーシャルワーク機能を果たすことも必要となります。その機能は、現状では主として保育士が担うこととなります。ただし、保育所や保育士はソーシャルワークを中心的に担う専門機関や専門職ではないことに留意し、ソーシャルワークの原理（態度）、知識、技術等への理解を深めたうえで、援助を展開することが必要です」と記されています。ソーシャルワークという用語が使われてその機能を果たすべきだと触れていますが、保育所や保育士はソーシャルワークを中心的に担う専門機関や専門職ではないとも記載されています。これでは保育が必要な児童の保護者の悩みや不安に向き合う相談援助が十分に提供されるのでしょうか。相談援助が不十分だった場合にはもしかすると保育児童が危害等の影響を受けることになるかもしれません。

　また、「コラム：ソーシャルワークとは」では「保育所においては、保育士等がこれらの活動をすべて行うことは難しいといえますが、これらのソーシャルワークの知識や技術を一部活用することが大切です」と記されています。保育が必要な児童と保護者を取り巻く環境が激変する状勢にあってソーシャルワークの知識や技術の一部分だけの活用で保護者、ひいては保育が必要な児童の

安心や安全や安定は守られていくでしょうか。その一部分とはどのようなソーシャルワークの知識や技術でよいのでしょうか。

保育ソーシャルワーカーだからできること

　保育所等での保育士の役割は、前述の保護者支援の原則にも記されているように、「保育と児童の保護者に対する保育に関する指導」という２本柱です。保育士は保育所等での日常業務としての保育支援を十分に行いながら、保護者支援も十分に行えるのでしょうか。保護者の抱える問題は複雑多様化していますから保護者の家族との関係や地域との関係なども考慮しながら支援を行う必要があります。重要性が高く緊急度も高い問題もあるかもしれません。そうした問題に対してもソーシャルワークの知識や技術が不十分であるからと回答を拒否したり、問題の受け付けそのものを行わなかったりすることがあってはなりません。また相談支援を行う専門機関等の相談援助の専門職に依頼するとしても、相談援助の専門職と共通基盤としての知識や技術を持ち得ているのと持ち得ていないのでは大きな違いがあります。

　ここにソーシャルワークの専門性の学びの必要性が生まれ、保育ソーシャルワーカーとしての必要性が確立されていく必要があると思います。保育士の専門性だけでも不十分、社会福祉士等のソーシャルワーカーの専門性だけでも不十分なのです。保育ソーシャルワーカーは保育児童および保護者支援の領域において、彼らとともに協働して問題解決に向かう新たな専門職としての期待

を受けているのです。本書を熟読して、善き保育ソーシャルワーカーを目指してください。実践現場での活躍を期待いたします。

参考文献 📖

日本保育ソーシャルワーク学会編『保育ソーシャルワークの世界－理論と実践－』晃洋書房、2014年。
伊藤良高、永野典詞、中谷彪編『保育ソーシャルワークのフロンティア』晃洋書房、2011年。

≪資料≫

保育ソーシャルワーカーとして
踏まえるべき法令等（抄）

① 社会福祉士及び介護福祉士法（昭和62年5月26日法律第30号。最新改正：平成28年3月31日法律第21号）

第1章　総則
（定義）
第2条　この法律において「社会福祉士」とは、第28条の登録を受け、社会福祉士の名称を用いて、専門的知識及び技術をもつて、身体上若しくは精神上の障害があること又は環境上の理由により日常生活を営むのに支障がある者の福祉に関する相談に応じ、助言、指導、福祉サービスを提供する者又は医師その他の保健医療サービスを提供する者その他の関係者（第47条において「福祉サービス関係者等」という。）との連絡及び調整その他の援助を行うこと（第7条及び第47の2において「相談援助」という。）を業とする者をいう。

第4章　社会福祉士及び介護福祉士の業務等
（誠実義務）
第44の2　社会福祉士及び介護福祉士は、その担当する者が個人の尊厳を保持し、自立した日常生活を営むことができるよう、常にその者の立場に立つて、誠実にその業務を行わなければならない。

（信用失墜行為の禁止）
第45条　社会福祉士又は介護福祉士は、社会福祉士又は介護福祉士の信用を傷つけるような行為をしてはならない。

（秘密保持義務）
第46条　社会福祉士又は介護福祉士は、正当な理由がなく、その業務に関して知り得た人の秘密を漏らしてはならない。社会福祉士又は介護福祉士でなくなつた後においても、同様とする。

（連携）
第47条　社会福祉士は、その業務を行うに当たつては、その担当する者に、福祉サービス及びこれに関連する保健医療サービスその他のサービス（次項において「福祉サービス等」という。）が総合的かつ適切に提供されるよう、地域に即した創意と工夫を行いつつ、福祉サービス関係者等との連携を保たなければならない。

（資質向上の責務）

第47条の2　社会福祉士又は介護福祉士は、社会福祉及び介護を取り巻く環境の変化による業務の内容の変化に適応するため、相談援助又は介護等に関する知識及び技能の向上に努めなければならない。

② 児童福祉法（昭和22年12月12日法律第164号。最新改正：平成28年6月3日法律第65号）

第1章　総則
第6条の2の2
⑤ この法律で、保育所等訪問支援とは、保育所その他の児童が集団生活を営む施設として厚生労働省令で定めるものに通う障害児につき、当該施設を訪問し、当該施設における障害児以外の児童との集団生活への適応のための専門的な支援その他の便宜を供与することをいう。

第6条の3
③ この法律で、子育て短期支援事業とは、保護者の疾病その他の理由により家庭において養育を受けることが一時的に困難となつた児童について、厚生労働省令で定めるところにより、児童養護施設その他の厚生労働省令で定める施設に入所させ、その者につき必要な保護を行う事業をいう。

④ この法律で、乳児家庭全戸訪問事業とは、一の市町村の区域内における原則として全ての乳児のいる家庭を訪問することにより、厚生労働省令で定めるところにより、子育てに関する情報の提供並びに乳児及びその保護者の心身の状況及び養育環境の把握を行うほか、養育についての相談に応じ、助言その他の援助を行う事業をいう。

⑥ この法律で、地域子育て支援拠点事業とは、厚生労働省令で定めるところにより、乳児又は幼児及びその保護者が相互の交流を行う場所を開設し、子育てについての相談、情報の提供、助言その他の援助を行う事業をいう。

第7節　保育士
第18条の4　この法律で、保育士とは、第18条の18第1項の登録を受け、保育士の名称を用いて、専門的知識及び技術をもつて、児童の保育及び児童の保護者に対する保育に関する指導を行うことを業とする者をいう。

第18条の21　保育士は、保育士の信用を傷つけるような行為をしてはならない。

第18条の22　保育士は、正当な理由がなく、その業務に関して知り得た人の秘密を漏らしてはならない。保育士でなくなつた後にお

いても、同様とする。

第3章　事業、養育里親及び施設

第37条　乳児院は、乳児（保健上、安定した生活環境の確保その他の理由により特に必要のある場合には、幼児を含む。）を入院させて、これを養育し、あわせて退院した者について相談その他の援助を行うことを目的とする施設とする。

第38条　母子生活支援施設は、配偶者のない女子又はこれに準ずる事情にある女子及びその者の監護すべき児童を入所させて、これらの者を保護するとともに、これらの者の自立の促進のためにその生活を支援し、あわせて退所した者について相談その他の援助を行うことを目的とする施設とする。

第39条　保育所は、保育を必要とする乳児・幼児を日々保護者の下から通わせて保育を行うことを目的とする施設（利用定員が20人以上であるものに限り、幼保連携型認定こども園を除く。）とする。

第39条の2　幼保連携型認定こども園は、義務教育及びその後の教育の基礎を培うものとしての満3歳以上の幼児に対する教育（教育基本法（平成18年法律第120号）第6条第1項に規定する法律に定める学校において行われる教

育をいう。）及び保育を必要とする乳児・幼児に対する保育を一体的に行い、これらの乳児又は幼児の健やかな成長が図られるよう適当な環境を与えて、その心身の発達を助長することを目的とする施設とする。

第41条　児童養護施設は、保護者のない児童（乳児を除く。ただし、安定した生活環境の確保その他の理由により特に必要のある場合には、乳児を含む。以下この条において同じ。）、虐待されている児童その他環境上養護を要する児童を入所させて、これを養護し、あわせて退所した者に対する相談その他の自立のための援助を行うことを目的とする施設とする。

第42条　障害児入所施設は、次の各号に掲げる区分に応じ、障害児を入所させて、当該各号に定める支援を行うことを目的とする施設とする。

第43条の2　児童心理治療施設は、家庭環境、学校における交友関係その他の環境上の理由により社会生活への適応が困難となつた児童を、短期間、入所させ、又は保護者の下から通わせて、社会生活に適応するために必要な心理に関する治療及び生活指導を主として行い、あわせて退所した者について

相談その他の援助を行うことを目的とする施設とする。

第44条　児童自立支援施設は、不良行為をなし、又はなすおそれのある児童及び家庭環境その他の環境上の理由により生活指導等を要する児童を入所させ、又は保護者の下から通わせて、個々の児童の状況に応じて必要な指導を行い、その自立を支援し、あわせて退所した者について相談その他の援助を行うことを目的とする施設とする。

第44条の2　児童家庭支援センターは、地域の児童の福祉に関する各般の問題につき、児童に関する家庭その他からの相談のうち、専門的な知識及び技術を必要とするものに応じ、必要な助言を行うとともに、市町村の求めに応じ、技術的助言その他必要な援助を行うほか、第26条第1項第2号及び第27条第1項第2号の規定による指導を行い、あわせて児童相談所、児童福祉施設等との連絡調整その他厚生労働省令の定める援助を総合的に行うことを目的とする施設とする。

第48条の2　乳児院、母子生活支援施設、児童養護施設、児童心理治療施設及び児童自立支援施設の長は、その行う児童の保護に支障

がない限りにおいて、該当施設の所在する地域の住民につき、児童の養育に関する相談に応じ、及び助言を行うよう努めなければならない。

第48条の3　乳児院、児童養護施設、障害児入所施設、児童心理治療施設及び児童自立支援施設の長並びに小規模住居型児童養育事業を行う者及び里親は、当該施設に入所し、又は小規模住居型児童養育事業を行う者若しくは里親に委託された児童及びその保護者に対して、市町村、児童相談所、児童家庭支援センター、教育機関、医療機関その他の関係機関との緊密な連携を図りつつ、親子の再統合のための支援その他の当該児童が家庭（家庭における養育環境と同様の養育環境及び良好な家庭的環境を含む。）で養育されるために必要な措置を採らなければならない。

第48条の4　保育所は、当該保育所が主として利用される地域の住民に対してその行う保育に関し情報の提供を行い、並びにその行う保育に支障がない限りにおいて、乳児、幼児等の保育に関する相談に応じ、及び助言を行うよう努めなければならない。

② 保育所に勤務する保育士は、乳児、幼児等の保育に関する相談に

応じ、及び助言を行うために必要な知識及び技能の修得、維持及び向上に努めなければならない。

③ 学校教育法（昭和22年3月31日法律第26号。最新改正：平成28年5月20日法律第47号）

第3章　幼稚園
第22条　幼稚園は、義務教育及びその後の教育の基礎を培うものとして、幼児を保育し、幼児の健やかな成長のために適当な環境を与えて、その心身の発達を助長することを目的とする。

第24条　幼稚園においては、第22条に規定する目的を実現するための教育を行うほか、幼児期の教育に関する各般の問題につき、保護者及び地域住民その他の関係者からの相談に応じ、必要な情報の提供及び助言を行うなど、家庭及び地域における幼児期の教育の支援に努めるものとする。

第27条
⑧ 指導教諭は、幼児の保育をつかさどり、並びに教諭その他の職員に対して、保育の改善及び充実のために必要な指導及び助言を行う。

第4章　小学校
第43条　小学校は、当該小学校に関する保護者及び地域住民その他

の関係者の理解を深めるとともに、これらの者との連携及び協力の推進に資するため、当該小学校の教育活動その他の学校運営の状況に関する情報を積極的に提供するものとする。

④　就学前の子どもに関する教育、保育等の総合的な提供の推進に関する法律（平成18年6月15日法律第77号。最新改正：平成28年5月20日法律第47号）

第1章　総則
（目的）
第1条　この法律は、幼児期の教育及び保育が生涯にわたる人格形成の基礎を培う重要なものであること並びに我が国における急速な少子化の進行並びに家庭及び地域を取り巻く環境の変化に伴い小学校就学前の子どもの教育及び保育に対する需要が多様なものとなっていることに鑑み、地域における創意工夫を生かしつつ、小学校就学前の子どもに対する教育及び保育並びに保護者に対する子育て支援の総合的な提供を推進するための措置を講じ、もって地域において子どもが健やかに育成される環境の整備に資することを目的とする。

（定義）
第2条
7　この法律において「幼保連携型

認定こども園」とは、義務教育及びその後の教育の基礎を培うものとしての満3歳以上の子どもに対する教育並びに保育を必要とする子どもに対する保育を一体的に行い、これらの子どもの健やかな成長が図られるよう適当な環境を与えて、その心身の発達を助長するとともに、保護者に対する子育ての支援を行うことを目的として、この法律の定めるところにより設置される施設をいう。

12　この法律において「子育て支援事業」とは、地域の子どもの養育に関する各般の問題につき保護者からの相談に応じ必要な情報の提供及び助言を行う事業、保護者の疾病その他の理由により家庭において養育を受けることが一時的に困難となった地域の子どもに対する保育を行う事業、地域の子どもの養育に関する援助を受けることを希望する保護者と当該援助を行うことを希望する民間の団体若しくは個人との連絡及び調整を行う事業又は地域の子どもの養育に関する援助を行う民間の団体若しくは個人に対する必要な情報の提供及び助言を行う事業であって主務省令で定めるものをいう。

第3章　幼保連携型認定こども園
（教育及び保育の目標）

第9条　幼保連携型認定こども園においては、第2条7項に規定する目的を実現するため、子どもに対する学校としての教育及び児童福祉施設（児童福祉法第7条第1項に規定する児童福祉施設をいう。次条第2項において同じ。）としての保育並びにその実施する保護者に対する子育て支援事業の相互の有機的な連携を図りつつ、次に掲げる目標を達成するよう当該教育及び当該保育を行うものとする。

一　健康、安全で幸福な生活のために必要な基本的な習慣を養い、身体諸機能の調和的発達を図ること。

二　集団生活を通じて、喜んでこれに参加する態度を養うとともに家族や身近な人への信頼感を深め、自主、自律及び協同の精神並びに規範意識の芽生えを養うこと。

三　身近な社会生活、生命及び自然に対する興味を養い、それらに対する正しい理解と態度及び思考力の芽生えを養うこと。

四　日常の会話や、絵本、童話等に親しむことを通じて、言葉の使い方を正しく導くとともに、相手の話を理解しようとする態度を養うこと。

五　音楽、身体による表現、造形等に親しむことを通じて、豊かな感性と表現力の芽生えを養うこと。

六　快適な生活環境の実現及び
　子どもと保育教諭その他の
　職員との信頼関係の構築を
　通じて、心身の健康の確保
　及び増進を図ること。

（運営の状況に関する情報の提供）
第24条　幼保連携型認定こども園
　の設置者は、当該幼保連携型認定
　こども園に関する保護者及び地域
　住民その他の関係者の理解を深め
　るとともに、これらの者との連携
　及び協力の推進に資するため、当
　該幼保連携型認定こども園におけ
　る教育及び保育等の状況その他の
　当該幼保連携型認定こども園の運
　営の状況に関する情報を積極的に
　提供するものとする。

⑤　保育所保育指針（厚生労働省告
示 第117号。2017年3月31日 改
正。2018年4月1日適用）

第1章　総則
1　保育所保育に関する基本原則
（1）保育所の役割
ウ　保育所は、入所する子どもを保
　育するとともに、家庭や地域の
　様々な社会資源との連携を図りな
　がら、入所する子どもの保護者に
　対する支援及び地域の子育て家庭
　に対する支援等を行う役割を担う
　ものである。
エ　保育所における保育士は、児童
　福祉法第18条の4の規定を踏ま

え、保育所の役割及び機能が適切
に発揮されるように、倫理観に裏
付けられた専門的知識、技術及び
判断をもって、子どもを保育する
とともに、子どもの保護者に対す
る保育に関する指導を行うもので
あり、その職責を遂行するための
専門性の向上に絶えず努めなけれ
ばならない。
（2）保育の目標
イ　保育所は、入所する子どもの保
　護者に対し、その意向を受け止
　め、子どもと保護者の安定した関
　係に配慮し、保育所の特性や保育
　士等の専門性を生かして、その援
　助に当たらなければならない。
（5）保育所の社会的責任
イ　保育所は、地域社会との交流や
　連携を図り、保護者や地域社会
　に、当該保育所が行う保育の内容
　を適切に説明するよう努めなけれ
　ばならない。

2　養護に関する基本的事項
（2）養護に関わるねらい及び内容
ア　生命の保持
（イ）内容
②　家庭との連携を密にし、嘱託医
　等との連携を図りながら、子ども
　の疾病や事故防止に関する認識を
　深め、保健的で安全な保育環境の
　維持及び向上に努める。

3 保育の計画及び評価
(1) 全体的な計画の作成
イ　全体的な計画は、子どもや家庭の状況、地域の実態、保育時間などを考慮し、子どもの育ちに関する長期的見通しをもって適切に作成されなければならない。

(2) 指導計画の作成
キ　障害のある子どもの保育については、一人一人の子どもの発達過程や障害の状態を把握し、適切な環境の下で、障害のある子どもが他の子どもとの生活を通して共に成長できるよう、指導計画の中に位置付けること。また、子どもの状況に応じた保育を実施する観点から、家庭や関係機関と連携した支援のための計画を個別に作成するなど適切な対応を図ること。

(4) 保育内容等の評価
ア　保育士等の自己評価
(ア) 保育士等は、保育の計画や保育の記録を通して、自らの保育実践を振り返り、自己評価することを通して、その専門性の向上や保育実践の改善に努めなければならない。

(ウ) 保育士等は、自己評価における自らの保育実践の振り返りや職員相互の話し合い等を通じて、専門性の向上及び保育の質の向上のための課題を明確にするとともに、保育所全体の保育の内容に関する認識を深めること。

イ　保育所の自己評価
(イ) 保育所が自己評価を行うに当たっては、地域の実情や保育所の実態に即して、適切に評価の観点や項目等を設定し、全職員による共通理解をもって取り組むよう留意すること。

第2章　保育の内容
1　乳児保育に関わるねらい及び内容
(3) 保育の実施に関わる配慮事項
ウ　乳児保育に関わる職員間の連携や嘱託医との連携を図り、第3章に示す事項を踏まえ、適切に対応すること。栄養士及び看護師等が配置されている場合は、その専門性を生かした対応を図ること。

エ　保護者との信頼関係を築きながら保育を進めるとともに、保護者からの相談に応じ、保護者への支援に努めていくこと。

4　保育の実施に関して留意すべき事項
(2) 小学校との連携
イ　保育所保育において育まれた資質・能力を踏まえ、小学校教育が円滑に行われるよう、小学校教師との意見交換や合同の研究の機会などを設け、第1章の4の(2)に示す「幼児期の終わりまでに育って欲しい姿」を共有するなど連携を図り、保育所保育と小学校教育との円滑な接続を図るよう努めること。

(3) 家庭及び地域社会との連携

　子どもの生活の連続性を踏まえ、家庭及び地域社会と連携して保育が展開されるよう配慮すること。その際、家庭や地域の機関及び団体の協力を得て、地域の自然、高齢者や異年齢の子ども等を含む人材、行事、施設等の地域の資源を積極的に活用し、豊かな生活体験をはじめ保育内容の充実が図られるよう配慮すること。

第3章　健康及び安全

1　子どもの健康支援

(1) 子どもの健康状態並びに発育及び発達状態の把握

イ　保護者からの情報とともに、登所時及び保育中を通じて子どもの状態を観察し、何らかの疾病が疑われる状態や傷害が認められた場合には、保護者に連絡するとともに、嘱託医と相談するなど適切な対応を図ること。看護師等が配置されている場合には、その専門性を生かした対応を図ること。

ウ　子どもの心身の状態等を観察し、不適切な養育の兆候が見られる場合には、市町村や関係機関と連携し、児童福祉法第25条に基づき、適切な対応を図ること。また、虐待が疑われる場合には、速やかに市町村又は児童相談所に通告し、適切な対応を図ること。

(3) 疾病等への対応

ア　保育中に体調不良や傷害が発生した場合には、その子どもの状態等に応じて、保護者に連絡するとともに、適宜、嘱託医や子どものかかりつけ医等と相談し、適切な処置を行うこと。看護師等が配置されている場合には、その専門性を生かした対応を図ること。

イ　感染症やその他の疾病の発生予防に努め、その発生や疑いがある場合には、必要に応じて嘱託医、市町村、保健所等に連絡し、その指示に従うとともに、保護者や全職員に連絡し、予防等について協力を求めること。また、感染症に関する保育所の対応方法等について、あらかじめ関係機関の協力を得ておくこと。看護師等が配置されている場合には、その専門性を生かした対応を図ること。

2　食育の推進

(2) 食育の環境の整備等

イ　保護者や地域の多様な関係者との連携及び協働の下で、食に関する取組が進められること。また、市町村の支援の下に、地域の関係機関等との日常的な連携を図り、必要な協力が得られるよう努めること。

3　環境及び衛生管理並びに安全管理

(2) 事故防止及び安全対策

ア　保育中の事故防止のために、子どもの心身の状態等を踏まえつつ、施設内外の安全点検に努め、

安全対策のために全職員の共通理
解や体制づくりを図るとともに、
家庭や地域の関係機関の協力の下
に安全指導を行うこと。

4 災害への備え
(3) 地域の関係機関等との連携
ア 市町村の支援の下に、地域の関
係機関との日常的な連携を図り、
必要な協力が得られるよう努める
こと。
イ 避難訓練については、地域の関
係機関や保護者との連携の下に行
うなど工夫すること。

第4章 子育て支援

保育所における保護者に対する子
育て支援は、全ての子どもの健やか
な育ちを実現することができるよ
う、第1章及び第2章等の関連する
事項を踏まえ、子どもの育ちを家庭
と連携して支援していくとともに、
保護者及び地域が有する子育てを自
ら実践する力の向上に資するよう、
次の事項に留意するものとする。

1 保育所における子育て支援に関
する基本的事項
(1) 保育所の特性を生かした子育て
支援
ア 保護者に対する子育て支援を行
う際には、各地域や家庭の実態等
を踏まえるとともに、保護者の気
持ちを受け止め、相互の信頼関係
を基本に、保護者の自己決定を尊

重すること。
イ 保育及び子育てに関する知識や
技術など、保育士等の専門性や、
子どもが常に存在する環境など、
保育所の特性を生かし、保護者が
子どもの成長に気付き子育ての喜
びを感じられるように努めること。
(2) 子育て支援に関して留意すべき
事項
ア 保護者に対する子育て支援にお
ける地域の関係機関等との連携及
び協働を図り、保育所全体の体制
構築に努めること。
イ 子どもの利益に反しない限りに
おいて、保護者や子どものプライ
バシーを保護し、知り得た事柄の
秘密を保持すること。

2 保育所を利用している保護者に
対する子育て支援
(1) 保護者との相互理解
ア 日常の保育に関連した様々な機
会を活用し子どもの日々の様子の
伝達や収集、保育所保育の意図の
説明などを通じて、保護者との相
互理解を図るよう努めること。
(2) 保護者の状況に配慮した個別の
支援
ア 保護者の就労と子育ての両立等
を支援するため、保護者の多様化
した保育の需要に応じ、病児保育
事業など多様な事業を実施する場
合には、保護者の状況に配慮する
とともに、子どもの福祉が尊重さ
れるよう努め、子どもの生活の連

127

続性を考慮すること。

イ　子どもに障害や発達上の課題が見られる場合には、市町村や関係機関と連携及び協力を図りつつ、保護者に対する個別の支援を行うよう努めること。

ウ　外国籍家庭など、特別な配慮を必要とする家庭の場合には、状況等に応じて個別の支援を行うよう努めること。

(3) 不適切な養育等が疑われる家庭への支援

ア　保護者に育児不安等が見られる場合には、保護者の希望に応じて個別の支援を行うよう努めること。

イ　保護者に不適切な養育等が疑われる場合には、市町村や関係機関と連携し、要保護児童対策地域協議会で検討するなど適切な対応を図ること。また、虐待が疑われる場合には、速やかに市町村又は児童相談所に通告し、適切な対応を図ること。

3　地域の保護者等に対する子育て支援

(1) 地域に開かれた子育て支援

ア　保育所は、児童福祉法第48条の4の規定に基づき、その行う保育に支障がない限りにおいて、地域の実情や当該保育所の体制等を踏まえ、地域の保護者等に対して、保育所保育の専門性を生かした子育て支援を積極的に行うよう努めること。

(2) 地域の関係機関等との連携

ア　市町村の支援を得て、地域の関係機関等との積極的な連携及び協働を図るとともに、子育て支援に関する地域の人材と積極的に連携を図るよう努めること。

イ　地域の要保護児童への対応など、地域の子どもを巡る諸課題に対し、要保護児童対策地域協議会など関係機関等と連携及び協力して取り組むよう努めること。

⑥　幼稚園教育要領（文部科学省告示第62号。2017年3月31日改正。2018年4月1日施行）

第1章　総則
第3　教育課程の役割と編成等
5　小学校教育との接続に当たっての留意事項

(2) 幼稚園教育において育まれた資質・能力を踏まえ、小学校教育が円滑に行われるよう、小学校の教師との意見交換や合同の研究の機会などを設け、「幼児期の終わりまでに育ってほしい姿」を共有するなど連携を図り、幼稚園教育と小学校教育との円滑な接続を図るよう努めるものとする。

第5　特別な配慮を必要とする幼児への指導
1　障害のある幼児などへの指導

障害のある幼児などへの指導に当たっては、集団の中で生活すること

を通して全体的な発達を促していくことに配慮し、特別支援学校などの助言又は援助を活用しつつ、個々の幼児の障害の状態などに応じた指導内容や指導方法の工夫を組織的かつ計画的に行うものとする。また、家庭、地域及び医療や福祉、保健等の業務を行う関係機関との連携を図り、長期的な視点で幼児への教育的支援を行うために、個別の教育支援計画を作成し活用することに努めるとともに、個々の幼児の実態を的確に把握し、個別の指導計画を作成し活用することに努めるものとする。

2　海外から帰国した幼児や生活に必要な日本語の習得に困難のある幼児の幼稚園生活への適応

　海外から帰国した幼児や生活に必要な日本語の習得に困難のある幼児については、安心して自己を発揮できるよう配慮するなど個々の幼児の実態に応じ、指導内容や指導方法の工夫を組織的かつ計画的に行うものとする。

第6　幼稚園運営上の留意事項

2　幼児の生活は、家庭を基盤として地域社会を通じて次第に広がりをもつものであることに留意し、家庭との連携を十分に図るなど、幼稚園における生活が家庭や地域社会と連続性を保ちつつ展開されるようにするものとする。その際、地域の自然、高齢者や異年齢の子供などを含む人材、行事や公

共施設などの地域の資源を積極的に活用し、幼児が豊かな生活体験を得られるように工夫するものとする。また、家庭との連携に当たっては、保護者との情報交換の機会を設けたり、保護者と幼児との活動の機会を設けたりなどすることを通じて、保護者の幼児期の教育に関する理解が深まるよう配慮するものとする。

第3章　教育課程に係る教育時間の終了後等に行う教育活動などの留意事項

1　地域の実態や保護者の要請により、教育課程に係る教育時間の終了後等に希望する者を対象に行う教育活動については、幼児の心身の負担に配慮するものとする。また、次の点にも留意するものとする。

(3) 家庭との緊密な連携を図るようにすること。その際、情報交換の機会を設けたりするなど、保護者が、幼稚園と共に幼児を育てるという意識が高まるようにすること。

2　幼稚園の運営に当たっては、子育ての支援のために保護者や地域の人々に機能や施設を開放して、園内体制の整備や関係機関との連携及び協力に配慮しつつ、幼児期の教育に関する相談に応じたり、情報を提供したり、幼児と保護者との登園を受け入れたり、保護者

同士の交流の機会を提供したりするなど、幼稚園と家庭が一体となって幼児と関わる取組を進め、地域における幼児期の教育のセンターとしての役割を果たすよう努めるものとする。その際、心理や保健の専門家、地域の子育て経験者等と連携・協働しながら取り組むよう配慮するものとする。

⑦　幼保連携型認定こども園教育・保育要領（内閣府・文部科学省・厚生労働省告示第1号。2017年3月31日改正。2018年4月1日施行）

第1章　総則
第1　幼保連携型認定こども園における教育及び保育の基本及び目標等
　　1　幼保連携型認定こども園における教育及び保育の基本
　　　　乳幼児期の教育及び保育は、子どもの健全な心身の発達を図りつつ生涯にわたる人格形成の基礎を培う重要なものであり、幼保連携型認定こども園における教育及び保育は、就学前の子どもに関する教育、保育等の総合的な提供の推進に関する法律（平成18年法律第77号。以下「認定こども園法」という。）第2条第7項に規定する目的及び第9条に掲げる目標を達成するため、乳幼児期全体を通して、その特性及び保護者や地域の実態を踏まえ、環境を通して行うも

のであることを基本とし、家庭や地域での生活を含めた園児の生活全体が豊かなものとなるように努めなければならない。

第2　教育及び保育の内容並びに子育ての支援等に関する全体的な計画等
　　1　教育及び保育の内容並びに子育ての支援等に関する全体的な計画の作成等
　　(1) 教育及び保育の内容並びに子育ての支援等に関する全体的な計画の役割
　　　　各幼保連携型認定こども園においては、教育基本法（平成18年法律第120号）、児童福祉法（昭和22年法律第164号）及び認定こども園法その他の法令並びにこの幼保連携型認定こども園教育・保育要領の示すところに従い、教育と保育を一体的に提供するため、創意工夫を生かし、園児の心身の発達と幼保連携型認定こども園、家庭及び地域の実態に即応した適切な教育及び保育の内容並びに子育ての支援等に関する全体的な計画を作成するものとする。
　　　　教育及び保育の内容並びに子育ての支援等に関する全体的な計画とは、教育と保育を一体的に捉え、園児の入園から修了までの在園期間の全体にわたり、幼保連携型認定こども園の目標

に向かってどのような過程をたどって教育及び保育を進めていくかを明らかにするものであり、子育ての支援と有機的に連携し、園児の園生活全体を捉え、作成する計画である。

　各幼保連携型認定こども園においては、「幼児期の終わりまでに育ってほしい姿」を踏まえ教育及び保育の内容並びに子育ての支援等に関する全体的な計画を作成すること、その実施状況を評価して改善を図っていくこと、また実施に必要な人的又は物的な体制を確保するとともにその改善を図っていくことなどを通して、教育及び保育の内容並びに子育ての支援等に関する全体的な計画に基づき組織的かつ計画的に各幼保連携型認定こども園の教育及び保育活動の質の向上を図っていくこと（以下「カリキュラム・マネジメント」という。）に努めるものとする。

(2) 各幼保連携型認定こども園の教育及び保育の目標と教育及び保育の内容並びに子育ての支援等に関する全体的な計画の作成

　教育及び保育の内容並びに子育ての支援等に関する全体的な計画の作成に当たっては、幼保連携型認定こども園の教育及び保育において育みたい資質・能力を踏まえつつ、各幼保連携型認定こども園の教育及び保育の

目標を明確にするとともに、教育及び保育の内容並びに子育ての支援等に関する全体的な計画の作成についての基本的な方針が家庭や地域とも共有されるよう努めるものとする。

2　指導計画の作成と園児の理解に基づいた評価

(3) 指導計画の作成上の留意事項

　コ　園児の生活は、家庭を基盤として地域社会を通じて次第に広がりをもつものであることに留意し、家庭との連携を十分に図るなど、幼保連携型認定こども園における生活が家庭や地域社会と連続性を保ちつつ展開されるようにするものとする。その際、地域の自然、高齢者や異年齢の子どもなどを含む人材、行事や公共施設などの地域の資源を積極的に活用し、園児が豊かな生活体験を得られるように工夫するものとする。また、家庭との連携に当たっては、保護者との情報交換の機会を設けたり、保護者と園児との活動の機会を設けたりなどすることを通じて、保護者の乳幼児期の教育及び保育に関する理解が深まるように配慮するものとする。

3　特別な配慮を必要とする園児への指導

(1) 障害のある園児などへの指導

　障害のある園児などへの指導に当たっては、集団の中で生活

131

することを通して全体的な発達を促していくことに配慮し、適切な環境の下で、障害のある園児が他の園児との生活を通して共に成長できるよう、特別支援学校などの助言又は援助を活用しつつ、個々の園児の障害の状態などに応じた指導内容や指導方法の工夫を組織的かつ計画的に行うものとする。また、家庭、地域及び医療や福祉、保健等の業務を行う関係機関との連携を図り、長期的な視点で園児への教育及び保育的支援を行うために、個別の教育及び保育支援計画を作成し活用することに努めるとともに、個々の園児の実態を的確に把握し、個別の指導計画を作成し活用することに努めるものとする。

(2) 海外から帰国した園児や生活に必要な日本語の習得に困難のある園児の幼保連携型認定こども園の生活への適応

　海外から帰国した園児や生活に必要な日本語の習得に困難のある園児については、安心して自己を発揮できるよう配慮するなど個々の園児の実態に応じ、指導内容や指導方法の工夫を組織的かつ計画的に行うものとする。

第3　幼保連携型認定こども園として特に配慮すべき事項

　7　保護者に対する子育ての支援に当たっては、この章に示す幼保連携型認定こども園における教育及び保育の基本及び目標を踏まえ、子どもに対する学校としての教育及び児童福祉施設としての保育並びに保護者に対する子育ての支援について相互に有機的な連携が図られるようにすること。また、幼保連携型認定こども園の目的の達成に資するため、保護者が子どもの成長に気付き子育ての喜びが感じられるよう、幼保連携型認定こども園の特性を生かした子育ての支援に努めること。

第4章　子育ての支援

　幼保連携型認定こども園における保護者に対する子育ての支援は、子どもの利益を最優先して行うものとし、第1章及び第2章等の関連する事項を踏まえ、子どもの育ちを家庭と連携して支援していくとともに、保護者及び地域が有する子育てを自ら実践する力の向上に資するよう、次の事項に留意するものとする。

第1　子育ての支援全般に関わる事項

1　保護者に対する子育ての支援を行う際には、各地域や家庭の実態等を踏まえるとともに、保護者の気持ちを受け止め、相互の信頼関係を基本に、保護者の自己決定を尊重すること。

2 教育及び保育並びに子育ての支援に関する知識や技術など、保育教諭等の専門性や、園児が常に存在する環境など、幼保連携型認定こども園の特性を生かし、保護者が子どもの成長に気付き子育ての喜びを感じられるように努めること。

3 保護者に対する子育ての支援における地域の関係機関等との連携及び協働を図り、園全体の体制構築に努めること。

4 子どもの利益に反しない限りにおいて、保護者や子どものプライバシーを保護し、知り得た事柄の秘密を保持すること。

第2 幼保連携型認定こども園の園児の保護者に対する子育ての支援

1 日常の様々な機会を活用し、園児の日々の様子の伝達や収集、教育及び保育の意図の説明などを通じて、保護者との相互理解を図るよう努めること。

2 教育及び保育の活動に対する保護者の積極的な参加は、保護者の子育てを自ら実践する力の向上に寄与するだけでなく、地域社会における家庭や住民の子育てを自ら実践する力の向上及び子育ての経験の継承につながるきっかけとなる。これらのことから、保護者の参加を促すとともに、参加しやすいよう工夫すること。

3 保護者の生活形態が異なること

を踏まえ、全ての保護者の相互理解が深まるように配慮すること。その際、保護者同士が子育てに対する新たな考えに出会い気付き合えるよう工夫すること。

4 保護者の就労と子育ての両立等を支援するため、保護者の多様化した教育及び保育の需要に応じて病児保育事業など多様な事業を実施する場合には、保護者の状況に配慮するとともに、園児の福祉が尊重されるよう努め、園児の生活の連続性を考慮すること。

5 地域の実態や保護者の要請により、教育を行う標準的な時間の終了後等に希望する園児を対象に一時預かり事業などとして行う活動については、保育教諭間及び家庭との連携を密にし、園児の心身の負担に配慮すること。その際、地域の実態や保護者の事情とともに園児の生活のリズムを踏まえつつ、必要に応じて、弾力的な運用を行うこと。

6 園児に障害や発達上の課題が見られる場合には、市町村や関係機関と連携及び協力を図りつつ、保護者に対する個別の支援を行うよう努めること。

7 外国籍家庭など、特別な配慮を必要とする家庭の場合には、状況等に応じて個別の支援を行うよう努めること。

8 保護者に育児不安等が見られる場合には、保護者の希望に応じて

個別の支援を行うよう努めること。

9 保護者に不適切な養育等が疑われる場合には、市町村や関係機関と連携し、要保護児童対策地域協議会で検討するなど適切な対応を図ること。また、虐待が疑われる場合には、速やかに市町村又は児童相談所に通告し、適切な対応を図ること。

第3 地域における子育て家庭の保護者等に対する支援

1 幼保連携型認定こども園において、認定こども園法第2条第12項に規定する子育て支援事業を実施する際には、当該幼保連携型認定こども園がもつ地域性や専門性などを十分に考慮して当該地域において必要と認められるものを適切に実施すること。また、地域の子どもに対する一時預かり事業などの活動を行う際には、一人一人の子どもの心身の状態などを考慮するとともに、教育及び保育との関連に配慮するなど、柔軟に活動を展開できるようにすること。

2 市町村の支援を得て、地域の関係機関等との積極的な連携及び協働を図るとともに、子育ての支援に関する地域の人材の積極的な活用を図るよう努めること。また、地域の要保護児童への対応など、地域の子どもを巡る諸課題に対し、要保護児童対策地域協議会など関係機関等と連携及び協力して取り組むよう努めること。

3 幼保連携型認定こども園は、地域の子どもが健やかに育成される環境を提供し、保護者に対する総合的な子育ての支援を推進するため、地域における乳幼児期の教育及び保育の中心的な役割を果たすよう努めること。

索 引

ア行

アウトリーチ	70
アセスメント	30, 38, 73
アドボカシー	68
ウェルビーイング	49
エンパワメント	41

カ行

カウンセリング	43
教育機能	60
グループワーク	62
ケースマネージャー機能	57
ケースワーク	26
幸福に生きる権利	10
コーディネート	35
―機能	42
子育て家庭への支援	13
子育て支援	29, 105
子育て支援員	108
子育て支援施設	33
子育ての孤立化	33
子どもの最善の利益	56, 82, 107
コミュニティワーク	62, 65

サ行

ジェネラリスト	106
社会資源	50, 66
社会的サポート	10
社会福祉士	23, 108
上級保育ソーシャルワーカー	100
情報提供	51
初級保育ソーシャルワーカー	21, 92
初級保育ソーシャルワーカー養成研修	92
書類申請	97
スーパーバイザー	28
スーパービジョン	18, 38, 44, 90
スキルアップ	91
ストレングス	74
精神保健福祉士	23
生態学的視点	112
専門職倫理	80
相談援助	45
―機能	112
相談業務	102
ソーシャルアクション	27, 48
ソーシャルワーク	14
―機能	115
―技能	76

ソーシャルワーク的支援 ……… 76	保護者に対する支援 ……… 12, 84

タ行

代弁・弁護機能 …………………… 68

代弁者 ……………………………… 38

仲介機能 …………………………… 50

中級保育ソーシャルワーカー

………………………… 95, 96, 101

中級保育ソーシャルワーカー養成研修

……………………………………… 97

調停機能 …………………………… 54

ナ行

ニーズ ……………………………… 58

ネットワーク ……………………… 10

ハ行

バイステックの7原則 ……… 72, 112

フォローアップ …………………… 91

保育士 …………………………… 108

保育支援 ………………………… 116

保育ソーシャルワーカー …… 20, 24

保育ソーシャルワーク …………… 17

保護者支援 ……………………… 25, 114

マ行

マネジメント ……………………… 58

ラ行

リフレーミング …………………… 74

倫理綱領 …………………………… 80

連携 ………………………………… 47

連携・協働 ………………………… 31

連絡調整 …………………………… 64

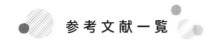

参考文献一覧

- 石川洋子編
  『子育て支援カウンセリング―幼稚園・保育所で行う保護者の心のサポート―』図書文化社、2008年。
- 伊藤良高
  『〔新版〕子どもの環境と保育―少子社会の育児・子育て論―』北樹出版、2001年。
- 伊藤良高
  『保育制度改革と保育施設経営―保育所経営の理論と実践に関する研究―』風間書房、2011年。
- 伊藤良高・伊藤美佳子
  『子どもの幸せと親の幸せ―未来を紡ぐ保育・子育てのエッセンス―』晃洋書房、2012年。
- 伊藤良高・中谷彪・北野幸子編
  『幼児教育のフロンティア』晃洋書房、2009年。
- 伊藤良高・永野典詞・中谷彪編
  『保育ソーシャルワークのフロンティア』晃洋書房、2011年。
- 伊藤良高・永野典詞・三好明夫・下坂剛編
  『新版 子ども家庭福祉のフロンティア』晃洋書房、2015年。
- 笠師千恵・小橋明子
  『相談援助・保育相談支援』中山書店、2014年。
- 柏女霊峰監修、全国保育士会編
  『全国保育士会倫理綱領ガイドブック』全国社会福祉協議会、2004年。
- 柏女霊峰・橋本真紀
  『保育相談支援(新・プリマーズ 保育)』ミネルヴァ書房、2016年。
- 片山義弘編著
  『社会福祉援助技術』北大路書房、2009年。
- 川村隆彦・倉内惠里子
  『保育者だからできるソーシャルワーク―子どもと家族に寄り添うための22のアプローチ―』中央法規、2017年。

- 厚生労働省
  「保育所保育指針」(厚生労働省告示第117号。2017年3月31日)
- 國分康孝
  『カウンセリングの技術』誠信書房、1979年。
- 佐々木政人
  「社会福祉援助者の役割と戦略」白澤政和・尾崎新・芝野松次郎編著『社会福祉援助方法』有斐閣、1999年。
- 土田美世子
  『保育ソーシャルワーク支援論』明石書店、2012年。
- 鶴宏史『保育ソーシャルワーク論　社会福祉専門職としてのアイデンティティ』あいり出版、2009年。
- 日本社会福祉士会ホームページ　http://www.jacsw.or.jp/
- 日本社会福祉士会編
  『改訂　社会福祉士の倫理―倫理綱領実践ハンドブック』中央法規、2007年。
- 日本社会福祉実践理論学会ソーシャルワーク研究会
  「ソーシャルワークのあり方に関する調査研究」『社会福祉実践理論研究』第7号、1998年。
- 日本精神保健福祉士協会ホームページ　http://www.japsw.or.jp/
- 日本保育ソーシャルワーク学会ホームページ　https://jarccre.jimdo.com/
- 日本保育ソーシャルワーク学会編
  『保育ソーシャルワークの世界―理論と実践―』晃洋書房、2014年。
- 日本保育ソーシャルワーク学会編
  『保育ソーシャルワーク学研究　第1号〈創刊号〉』2015年。
- 保育教諭養成課程研究会
  『幼稚園教諭・保育教諭のための研修ガイド―質の高い教育・保育の実現のために―』保育教諭養成課程研究会、2014年。
- 増田直記
  『私たちはどうつながっているのか―ネットワークの科学を応用する―』中央公論新社、2007年。
- 無藤隆・北野幸子・矢藤誠慈郎
  『増補改訂版　認定こども園の時代』ひかりのくに、2015年。

《執筆者・担当者紹介》

（執筆・担当順、＊は編集委員）

● 伊藤良高＊　熊本学園大学社会福祉学部教授

はしがき, Q3, Q22, Q24

● 伊藤美佳子　桜山保育園園長

Q1, Q2

● 鶴 宏史＊　武庫川女子大学文学部准教授

Q4, Q21, Q29

● 三好明夫＊　京都ノートルダム女子大学現代人間学部教授

Q5, Q26, Q30

● 永野典詞＊　九州ルーテル学院大学人文学部教授

Q6, Q25

● 吉田祐一郎　四天王寺大学教育学部講師

Q7, Q23

● 香﨑智郁代　九州ルーテル学院大学人文学部講師

Q8, Q15

● 桐原 誠　湯出光明童園家庭支援専門相談員

Q9, 資料

● 山本佳代子　西南学院大学人間科学部准教授

Q10, Q13

● 下坂 剛　四国大学生活科学部准教授

Q11, Q12

● 宮﨑由紀子　西日本教育医療専門学校講師

Q14, 資料

● 若宮邦彦＊　南九州大学人間発達学部講師

Q16, Q17

● 小口将典＊　関西福祉科学大学社会福祉学部准教授

Q18、Q19

● 丸目満弓　NPO法人創活工房内・子育て支援ソーシャルワーク研究所代表

Q20

● 北野幸子　神戸大学大学院人間発達環境学研究科准教授

Q27, Q28

日本保育ソーシャルワーク学会

2013 年 11 月 30 日創立。本学会は、「保育ソーシャルワークの発展を期し、保育ソーシャルワークに関する研究及び交流を図り、もって、子どもと家庭の幸福の実現に資する」（学会会則第 3 条）ことを目的としている。

連絡先：E-mail（学会事務局）：jarccsw@gmail.com

日本保育ソーシャルワーク学会
学会資格認定委員会
委員長：伊藤良高
副委員長：鶴 宏史、三好明夫
委員：伊藤美佳子、小口将典、北野幸子、香﨑智郁代、下坂 剛、永野典詞、宮﨑由紀子、
　　　山本佳代子、吉田祐一郎、若宮邦彦

（2017 年 10 月現在）

● 装丁デザイン　　　　　大下賢一郎
● DTP・誌面デザイン　　BUCH⁺

保育ソーシャルワーカーのお仕事ガイドブック

2017 年 10 月 30 日　初版第 1 刷発行

著　者	日本保育ソーシャルワーク学会
発行所	株式会社風鳴舎
	〒114-0034　東京都北区上十条 5-25-12
	電話　03-5963-5266
	FAX　03-5963-5267
印刷・製本	モリモト印刷株式会社

・本書は著作権法上の保護を受けています。本書の一部または全部について、発行会社である株式会社風鳴舎から文書による許可を得ずに、いかなる方法においても無断で複写、複製することは禁じられています。
・本書へのお問い合わせについては上記発行所まで郵送にて承ります。乱丁・落丁はお取り替えいたします。

©2017 Japan Association of Research on Child Care Social Work(JARCCSW)
ISBN978-4-907537-12-8 C0037

Printed in Japan